珠宝收藏

SHOUCANG

中国地质大学出版社有限责任公司
ZHONGGUO DIZHI DAXUE CHUBANSHE YOUXIAN ZEREN GONGSI

图书在版编目(CIP)数据

珠宝收藏/刘道荣,肖秀梅编著.—武汉:中国地质大学出版社有限责任公司,2012.5

(非常宝贝系列)

ISBN 978-7-5625-2886-9

Ⅰ.①珠…

Ⅱ.①刘…②肖…

Ⅲ.① 宝石-收藏-基本知识

Ⅳ.①G894

中国版本图书馆 CIP 数据核字(2012)第 105406 号

珠宝收藏(非常宝贝系列)　　**刘道荣　肖秀梅　编著**

责任编辑:姜梅　　选题策划:薛大桥　　责任校对:张咏梅

出版发行:中国地质大学出版社有限责任公司　　邮编码编:430074

(武汉市洪山区鲁磨路 388 号)

电话:(027) 67883511　　传真:67883580　　E-mail:cbb @ cug.edu.cn

经销:全国新华书店　　http://www.cugp.cug.edu.cn

开本:787mm×960mm 1/16　　字数:142 千字　　印张:7.25

版次:2013 年 1 月第 1 版　　印次:2013 年 1 月第 1 次印刷

印刷:武汉中远印务有限公司

ISBN 978-7-5625-2886-9　　定价:30.00 元

前 言

当今，收藏成为了一种潮流。字画、瓷器、家具、青铜器、珠宝玉石等收藏达到历史新高峰，这是人们生活水平提高、经济实力增强的具体表现。对于收藏者来说，不同种类的收藏其特点各有千秋，本书讨论的珠宝玉石收藏有以下几个方面的好处。首先，相比较而言，珠宝玉石不易损坏，更利于长期保存，几千年传承下来的珠宝、近万年的出土古玉我们时常都能见到；其次，高档珠宝玉石的价值很高，随着其资源的不断枯竭，其价值会愈来愈高；再次，珠宝玉石是很好的装饰品，人们生活离不开它们，而且珠宝玉石佩戴后还可以世代相传，祖父母等上辈传下来的珠宝玉石不仅更加值钱，而且世代的亲情得到彰显。此外，珠宝玉石体积多小巧，不仅便于携带，而且交易也容易。再者，珠宝玉石的真伪比较容易进行科学鉴别，使其拥有充分的信誉保证。

但珠宝玉石的收藏投资，必须要符合“真、精、全、稀”的标准，这样投资的增值潜力才大。作者编著本书的目的就是希望为珠宝玉石收藏者提供一些有益的资料，让收藏者们初步了解如何进行珠宝玉石收藏。本书分六个部分对珠宝玉石的一些珍贵种类进行了详细介绍，包括珍贵珠宝玉石的市场行情、珠宝玉石基本特征、珠宝玉石的评估及收藏方法等主要内容。但愿本书对读者了解珠宝玉石收藏市场有一定的帮助。其实，要想成为一个真正的珠宝玉器收藏家，光靠书本知识是不够的，还要去珠宝玉石市场实践，先从低价珠宝玉石开始，入门阶段尽量少缴学费。总之，珠宝玉石收藏要多听多看，但不要偏听偏信，不能盲从权威，也不要认为读了几本书就是行家里手了。知识来自实践，在实践中会发现收藏将带给你巨大乐趣。

本书编写得到中钢集团天津地质研究院院长敬成贵教授及其他院领导和天津珠宝街同事的支持和帮助，在此致以我们深深的谢意。

目录

翡 翠

翡翠的艳丽绿色深受东方民族尤其是中华民族的喜爱。如今国内翡翠收藏非常广泛而深入，从平民百姓到富商巨贾，都对翡翠情有独钟。从 1996 年至今，翡翠的价格每年都在上涨，并且日益被认为是和黄金一样具有保值及增值功能的金融产品。自 2003 年始，翡翠的价格连续暴涨了 4 年。在 2005 年上海壹信拍卖会上，重量仅 450g 的翡翠如意以 3 300 万元的天价成交，中国内地翡翠拍卖在上海创下了新的成交纪录。这件如意由整块满绿翡翠雕琢而成，翠色浓正均匀、温润光泽、质地细腻，表面雕刻蝠、鹤、鸟、云，充满富贵祥和之气。2006 年厦门拍卖会上，一组名为福、禄、寿的三件翡翠最引人关注，其中福翡翠造型为一位老寿星肩背娃娃，禄是老寿星手持金元宝的画面，寿则雕有老寿星手拄龙头拐杖的画面。因其形象逼真，质地优良，堪称当代珍品。起拍价为 180 万元的这组翡翠，最后以 500 万元的价格成交。直到 2008 年下半年，金融危机才让翡翠市场稍微降温，2009 年上半年又重现高速增长。从拍卖市场反映的信息来看，2009 年翡翠单品成交价格多在 30 万～100 万元这个区间内，比 2008 年的价格高出了 20%。2009 年 3 月，缅甸翡翠公盘原石竞拍，一块起拍价为2 200 万元的翡翠原石最终拍到了 1.3 亿元。同期，佳士得香港拍卖会上，

翡翠如意

一只竹枝形翡翠手镯以 386 万港元成交。在 2009 年的春季拍卖中，北京保利推出了珠宝翡翠专场，成交作品 38 件，总成交额为 3 407.58 万元。一些高档翡翠更是受人追捧，翡翠珍品的价格屡创新高，例如，1994 年佳士得拍卖出的一条由 27 颗非常罕见的翡翠珠和卡地亚设计的红宝石扣组成的翡翠珠链，成交价是3 302 万港元。1995 年佳士得拍卖出 1 212 万港币的一只翡翠手镯。1997 年也是在香港举行的佳士得秋季拍卖会上，一条十分罕见的翡翠珠链以 7 262 万港元成交。这条珠链由 27 颗翡翠珠和一个 10ct 的完美钻石扣组成。2009 年佳士得拍卖的一条翡翠珠链，共 35 颗翡翠珠，每颗珠约 12.55～15.04mm 不等，尺寸大小相仿，其色泽通透，质地更是光润无瑕，几近完美，成交价为 4 322 万港币。香港苏富比 2010 春季的翡翠拍卖中，一枚蛋面翡翠戒指拔得整场翡翠拍卖的头筹，以 362 万元成交。2010 年 6 月 1 日香港佳士得“瑰丽珠宝及翡翠首饰”春季拍卖会上，一条稀世珍罕老坑玻璃种翡翠珠链，由 57 粒翡翠珠子串成，珠子圆润饱满，翠色阳俏、均匀，质地细腻，具有玻璃光泽，尊贵典雅，华美大气，魅力尽显。珠子直径为 0.9～1.1cm，配 18k 金扣，珠链总长度约为 58cm，最后以 5 666 万元成交，由此可见翡翠的涨价趋势。在 2010 年 10 月香港苏富比秋季拍卖中，一对清朝嘉庆皇帝御制的交龙钮翡翠玺，以 7 906 万港元的价格成交，位列清代宫廷翡翠拍卖价格排名第一。2011 年春拍，香港佳士得瑰丽珠宝与翡翠首饰拍卖专场中，一件品相完美的缅

翡翠红宝石珠链

翡翠手镯

翡翠珠链

甸天然翡翠双蛋面戒指以 962 万港元成交，另一件长度达 40cm 的缅甸天然玻璃种翡翠珠链，33 颗翡翠珠，每颗直径 12.7～15.8mm，以 722 万港元成交。2011 年北京保利春季拍卖会上，一件优质的清宫翡翠珠链，以 2 300 万元的高价成交，为史上有记载的价格最高的翡翠珠链。项链的主体由 30 颗大小均匀的翡翠圆珠串成，颗颗硕大饱满，每颗直径均在 13.29～13.43mm 之间，质地均匀，色泽翠绿浓艳，呈祖母绿色，晶莹清澈，光彩耀眼，显得异常雍容华贵。

翡翠珠链

清宫翡翠珠链

购买翡翠原料大多要去缅甸参加竞拍，由于缅甸政府严格控制，加上翡翠原石资源的逐渐匮乏等因素导致原石价格迅速攀升，基本上每 3 年其价格就可翻一倍。在金融危机发生的 2008 年和 2009 年，优质翡翠原石的价位不仅不降，反而上涨。例如，优质冰种翡翠原石，从 2008 年的每千克 100 万元人民币，涨到 2009 年的每千克 200 多万元；而优质玻璃种翡翠原石，则涨到了几百万元，甚至到了每千克 1 000 万元。自 2009 年底以来，赌石投机越演越烈，一刀定胜负，节节抬高翡翠原石的价格。每次拍卖会，参与翡翠竞拍的包机都有几十架。2010 年 3 月，在缅甸仰光赌石大会上，一些山西老板携 30 多亿元巨资加入竞拍行列，共拍得 28 亿元的翡翠原石。这些巨资的涌入，推动翡翠原石价格上扬 50%。往年缅甸仰光翡翠公盘，一般仅有十几亿元的成交额。但在 2010 年的第二次缅甸政府翡翠原料拍卖会上，共有 11 000 多份原料，与上次原料份数持平，高档好料比上次公盘还少，可是截止到暗标结束，就已卖出创纪录的 40 亿元人民币，最后全场拍卖成交 70 多亿元人民币，大大刷新了上次 30 亿元人民币的纪录。2011 年 3 月，在缅甸内比都举办的第二次珠宝交易会上，直接参与公拍的就超过了 1 万人，成交额放量更显示出翡翠价格的强势。据了解，当时单是展出的玉石就达到 18 000 多堆，成交额超过 200 亿元人民币。

翡翠特征

翡翠是一种矿物的集合体，除了硬玉外，还含有绿辉石、霓辉石、钠铬辉石及钠长石、蓝闪石、阳起石、霞石、磁铁矿等矿物。硬玉是一种辉石类矿物，为钠铝硅酸盐类矿物。翡翠的硬玉矿物分子式为 $NaAlSi_2O_6$，其中 Na 可被 Ca、K 替代，而 Al 可被 Cr、Fe、Mn、Mg 等替代。这些杂质元素的替代使硬玉呈现各种颜色，从而具备工艺价值。传统意义上的翡翠是以硬玉占主导地位（80%）的集合体，成分主要有硬玉、绿辉石、钠铬辉石、钠长石等矿物，硬玉的硬度为 6.5～7。究竟硬玉的含量是多少才算翡翠，没有明确的界限。现在只要达到宝石级，一般折光率 1.66，相对密度 3.25～3.33 左右的硬玉岩或硬玉辉石岩就定为翡翠。

随着翡翠的铁含量逐渐增多，翡翠就会出现偏蓝的底色。如水头好的话，就是我们平时所说的青水、蓝水和湖水绿。随着铁的进一步增加，翡翠会逐步偏灰偏油，这时就成了油青。如铁进一步增加，翡翠中绿辉石的含量增高，这就成了绿辉石类油青。青水、蓝水、湖水绿和一般的油青是标准的翡翠，而绿辉石类油青就已处于翡翠的边缘了，硬度会略低些。

翡翠原石

翡翠的岩石类型主要有四种。①硬

玉岩型翡翠，就是传统意义上的翡翠，其硬玉矿物含量大于80%。②绿辉石岩型翡翠，是传统意义上的翡翠中的一种，只是数量略少。纯绿辉石岩型翡翠，其绿辉石矿物含量可达100%，如油青翡翠，但绿辉石常以不同比例与硬玉相混融，形成含绿辉石硬玉型翡翠或含硬玉绿辉石型翡翠。③钠铬辉石岩型翡翠则由钠铬辉石矿物组成，钠铬辉石矿物含量如果大于80%，则不在传统翡翠之列。④钠长石岩型翡翠则以硬玉矿物为主要成分，钠长石含量如果大于80%，则称之为“八三玉”，其光学性质变得比较润透，质感更细腻，但其密度小，硬度也有所降低，不在传统翡翠之列。

真正能成为高档翡翠品种的只有硬玉岩型翡翠和绿辉石岩型翡翠两种。

翡翠评估

祖母绿色翡翠戒指

紫罗兰翡翠手镯

红翡把玩件

玻璃种艳绿翡翠戒面

翡翠评估主要看色、种、地、水、工等方面。

色

绿、红、紫被称为翡翠三大主色，其他还有青色、白色、蓝绿色、黄绿色、灰绿色、黑绿色、灰色、黑色等。其中，以绿色最为艳丽与名贵，紫色和红色次之，其他颜色较差。颜色是评价翡翠的重要因素，用行话说要“翠好”，就是要翠得“正、浓、阳（鲜）、匀”。

绿色是翡翠的常见颜色，也就是通常所说的“翠”。绿色翡翠由浅至深分为浅绿色、绿色、深绿色和墨绿色，其中以绿色为最佳，深绿色次之。绿色翡翠的杂色调会影响其价格。

翡翠的绿色品种主要有以下几种。

翠绿：绿色浓艳均匀，透明度高。包括前人所讲的玻璃艳绿、艳绿、玻璃绿、宝石绿、祖母绿等高档次的绿色。

阳绿：黄绿色，好像初春黄杨树的嫩叶，色彩明亮、鲜艳。包括前人所讲的阳俏绿、鹦哥绿、葱心绿等颜色，带有黄色调。

豆绿：色绿如青豆色，此品种最常见。常有“十绿九豆”之说。

菠菜绿：色如菠菜叶，暗绿色。

白地青：白绿非常分明，绿色很阳，水头差，结构较粗。

青绿：绿中微带青色或青中有绿。包括前人所讲的瓜青和瓜绿。

蓝绿：绿中带蓝色，即蓝水。

水绿：色浅，较匀。地色不分的一种淡绿色品种。

江水绿：绿色闷暗，色虽较匀，但有混浊感。

灰绿：绿中带灰。一般质地较粗，水头差。

灰蓝：蓝中带灰。

油绿：暗绿色，绿中带灰蓝色调，不鲜艳。

油青：暗绿色，比油绿更暗，带油脂感。

墨绿：墨绿色，黑中透绿。

蓝花：在浅色的地子上呈斑状或点状分布着蓝绿色，有的水头好，有的水头差。

紫色分浅紫色、粉紫色、紫色和蓝紫色。紫色翡翠也称为紫翠，被人们寓为“寿”。

翡翠的黑色有两种：一种是深墨绿色，主要是由于铬、铁含量高而造成的，强光源照射呈绿色；另一种是深灰至灰黑色，是由所含的暗色矿物杂质造成的，属于较为低档的翡翠。

黄、红色属于次生色。由于风化淋滤作用，使次生致色元素沿翡翠颗粒之间的显微缝隙渗入而成。红色翡翠被称为“翡”或“红翡”；黄色翡翠被称为“黄翡”。

鹦鹉绿翡翠挂件

组合色就是翡翠的红、绿、紫、白、黄五色，分别寓为福、禄、寿、禧、财。一块翡翠上同时有几种颜色则都伴有美好的寓意，如春带彩、福禄寿等。春带彩是指紫色、绿色、白色在一起，紫、绿无形，有春花怒放之意。福禄寿：红、绿、紫并存，象征吉祥如意，代表福禄寿三喜。

墨翠挂牌

种

翡翠的种是越老越好，种越好玉质就越细腻。一般翡翠的种分为老坑种、新老种、新坑种等。在评价中、低档翡翠时，颜色放在首位，因为有种无色不如有色无种；当翡翠有一定颜色之后，透明度比颜色更重要，高档翡翠一定要有种有色。

地

翡翠的质地有多种划分。

玻璃地：透明，如玻璃般的地子。好的玻璃地，直径粗一厘米的镯子，也是透明如水晶。一般为无色，但也可有色。玻璃地是十分水。

冰地：透明如冰，玻璃光泽，有时可有少量裂纹或其他不纯物，是质量稍差的玻璃品种。冰地是八分水。

青水地：透明，但泛青绿色调，是带青绿色的水地品种，因色度影响，不如冰地品种。

飘蓝花翡翠扁条手镯

浑水地：半透明，像浑水，是一种透明度差的水地。

糯米地：半透明，具有熟糯米的细腻感，与一般所称的芙蓉地接近。糯米地是六分水。

藕粉地：比糯米地的透明度稍差，一般半透明到不透明状，

小 资 料

翡翠颜色的色调、浓度、均匀都是评价因素，观察的先后顺序一般为“浓、正、阳、匀”。

“浓”，指颜色的饱和度，即绿色饱满、浑厚、浓重的程度。高档翡翠的颜色浓度应该是中等到偏浓。

“阳”，翡翠颜色的靓丽程度，即绿色鲜艳、明亮、大方，是决定翡翠价值高低的关键性因素。翡翠的鲜阳度差一点，价值就会差很多；反之，颜色越鲜，价值越高。

“正”，即绿得纯正，绿中不带蓝、青等杂色调。一般翡翠都稍带黄、蓝、灰等杂色调。绿色的优劣顺序为绿色、微带黄色的绿色、黄绿色、微带灰的绿色和灰绿色。

“匀”，即绿色的均匀程度。和谐、不花不乱为匀；反之，若绿色呈点状、峰状和块状等不均匀分布则为“花”。

矿物颗粒肉眼看不清，10 倍镜下可见矿物颗粒。藕粉地是四分水。

豆地：颜色有深有浅，颗粒肉眼可见，透明度较差，是一分水。

白地青：白绿分明，虽不透明，但有特色。

瓷地：白—灰白为底，色调简单，可混有浅绿色、褐色，不透明，外观似瓷状，肉眼能辨认晶体形状。瓷地是零分水。

油地：颜色有深有浅，总的色调较暗。感觉油质光泽浮于表面。

影响翡翠质地的好坏还要注意隐含的“绺”。

冰种艳绿翡翠

起荧玻璃种翡翠佛

水

水头就是大家对于翡翠透明程度的一种评价标准。水头越好说明透明程度越好，相应地，翡翠的杂质含量就越少，并且质地越细密，矿物晶体颗粒就越小。

在翡翠的地子与翠色之间，有一种相互印照的作用。种好可使颜色浅的翡翠显得晶莹漂亮，使不均匀的颜色显得均匀，使结构不细腻的翡翠显得细腻。

工

工是指翡翠作品的雕刻工艺，分为光身加工和雕花加工两大类。光身加工主要是戒面和手镯，戒面分椭圆型、瓜子型、马眼型、心型和马鞍型等；雕花加工主要是挂牌、花卉和人物雕刻品。光身制品要求原料不能有裂纹，雕花可以掩盖裂纹。在评价光身制品时，要看切工的比例、制品的厚薄及其对称性。在评价花件时，要看是旧工还是新工，通常旧工雕刻花件较细，还要看设计利用翡翠巧色的布局好坏等。

糯种翡翠牌

油青种翡翠挂牌

瓷地翡翠摆件

翡翠收藏

翡翠是人们最为喜欢的贵重饰品，收藏什么样的翡翠才能保值、增值呢？这里给大家介绍一些收藏翡翠的基本知识。

关注翡翠的天然属性

高档翡翠非常稀少而珍贵，为此市场出现了许多人工优化处理的翡翠。选购收藏翡翠时不能被其艳丽的色彩和晶莹剔透的外表所迷惑，我们必须了解翡翠美丽的色彩和通透的质地是否为天然的，有没有经过人工优化处理过，这是十分重要的。

一般来讲，业内把没有经过任何化学处理的翡翠称为A货。而所谓的B货翡翠，通常是先用各种强酸碱浸泡翡翠，除去翡翠颗粒间隙中的各种氧化物杂质或其他充填物，然后用树脂胶充填经过酸洗的翡翠出现的缝隙，并进行固结，这样可以增加翡翠的透明度和坚固强度。这种处理方法可以除去翡翠的褐色色调，使绿色更为鲜艳，除去颗粒间隙中不透明的杂质，代以透明的树脂胶，提高翡翠的透明度，从而提高翡翠的商业价值。人们习惯称染色的翡翠为C货，由于大多数的翡翠原料都是白色或浅色的，价值低，为了提高观赏性和商业价值，人们通过染色把无色或浅色的翡翠变得色彩美丽，以仿冒品质更好的翡翠。无论是B货或C货翡翠都经不起时间考验，一年半载它们就会失去颜色和光泽。这样的翡翠显然不具备收藏价值，当然并不是说所有的A货就有收藏价值。

三彩翡翠挂件（A货）

翡翠平安扣（B货）

要注意A货翡翠的质量

许多人对翡翠的知识有一些了解，可能也知道翡翠分A货、B货、C货等，因此就简单地认为只要是A货就值钱，这实际是对翡翠的分类和分级的概念上的混淆，一般鉴定证书上注明A货只能说明它是一件没有经过处理的天然翡翠，只是把它与其他相似的玉石和经过优化处理的玉石区分开，与这件翡翠的等级和价值没有直接关系。翡翠的价值不仅在于是否为A货，更重要的还要看翡翠的颜色、质地、净度、雕工等价值因素，只有各种价值因素高的A货翡翠其价值才高。大小相同的A货翡翠戒面，因为颜色、质地的不同，价值可相差百万倍之多。

一件品相很差的A货翡翠的价值甚至可能不如一件品相好的B货翡翠。

认识翡翠种水的重要性

行内人说“行家看种，外行看色”，也就是说翡翠种水比翡翠颜色更重要。收藏翡翠多要选择高档翡翠，否则收藏意义不大，高档翡翠的种水尤为重要。一般来讲，翡翠颜色纯正鲜艳时其价格会急速上升，因此人们选购翡翠时多注意颜色的好与坏而不太重视翡翠的种水。其实高档的翡翠不但要颜色好，质地也是非常重要的，也就是常说的“种水”，好的颜色加上好的种水如玻璃种、冰种，才能称得上真正的高档翡翠。翡翠中一些品种的颜色艳绿夺目，但种水不好，如干青、天龙生等，它们的价值就上不去；而无色玻璃种、冰种，色淡或无色的价值却非常高。水头长、水头足就是翡翠的透明程度好；反之，水头差、水头短就是透明度不好。

高档玻璃种艳绿翡翠手镯

低档翡翠挂件

高档玻璃种满绿翡翠平安扣

颜色是评价的重要因素

翡翠有三大主要颜色，最重要的是绿色。绿色又分祖母绿、翠绿、苹果绿、秧苗绿、黄阳绿、葱心绿、豆绿、蓝水绿、菠菜绿、瓜皮绿、蓝绿、墨绿、油青绿、灰绿等。绿色纯正、绿色浓度在70%～80%、色正明亮、颜色分布均匀的翡翠就是高档翡翠，行家习惯称其为老坑种。

关心翡翠质地的洁净度

翡翠与其他宝石一样，净度是评估价值的一大因素。翡翠的瑕疵，主要是一些黑色包体或各种杂质。在评价翡翠时，根据这些瑕疵对翡翠美观造成的损害程度来决定翡翠的价值。对高档货来说，瑕疵是严重的缺憾，而对中、低档货来说，影响会小得多。相对来说黑花影响比白花严重得多。裂纹的存在也是翡翠成品的致命伤，有了裂纹等瑕疵，翡翠的价值会大打折扣，尤其对于高档翡翠更是如此。

雕琢精美的高档翡翠花插

尽量挑选雕琢造型完美的艺术品

翡翠成品加工分为光身成品和雕件成品两大类。光身制品如戒面、手镯等饰品对原料要求较高，不能有裂纹，因为表面光滑，存在裂纹很容易见到。手镯在翡翠饰品中最为昂贵，因为最好的翡翠原料首先考虑做手镯，手镯需要块度大、无瑕疵的好料才能制作。一些花牌体积不大，无任何瑕疵，种水俱佳其价值也不菲。而一些有裂纹的翡翠，大都用来做雕件或山子等，可以通过雕刻手法掩盖裂纹。因此在评价光身成品与雕件或花牌时，在同等质量的情况下，光身制品要贵过花件雕品，当然特别精湛的雕工例外。而选购翡翠雕件时要求其造型完美，雕琢精湛，题材高雅，质地、颜色上乘，尽量少有瑕疵。

低档花青翡翠寿牌

玻璃种翡翠佛

满绿高档翡翠手镯

和田玉

2002 年前，和田白玉籽料价格还在每千克 3 万元徘徊，到了 2008 年普通籽料每千克已高达 30 万元左右，六年之内飙升近十倍。而近 30 年来，高档和田玉籽料的价格更是惊人地飙升千倍！2004 年，佳士得拍卖一件清乾隆的白玉活环双龙耳万寿纹盌，成交价 2 048 万元。2005 年，一件清乾隆的白玉阴刻填金二龙争珠图《学诗堂记》御制诗册白玉册十页，成交价 1 795 万元。20 年前在英国伦敦拍卖过的清乾隆御制白玉雕上方山角杯出现在 2006 年佳士得秋季艺术品拍卖会上，估价高达 1 000 万～ 1 500 万港币，最后以 1 200 万元的高价拍出。这只白玉杯曾经拍了三次，第一次是 1960 年拍的，那个时候的成交价是 1 800英镑；第二次是 1987 年拍的，成交价是 3 560 美金；第三次在香港佳士得拍的，它的身价已经飚升了近 400 倍。另一件白玉鹤鹿同春双耳活环瓶，也是以 1 200 万元成交。2007 年，浙江皓翰国际

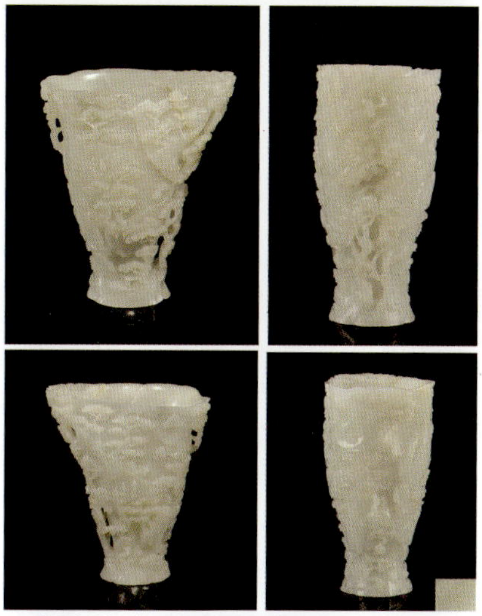

清乾隆御制白玉雕上方山角杯

白玉鹤鹿同春双耳活环瓶

和田白玉籽料

拍卖公司的秋季艺术品拍卖会上，一块78kg的和田玉籽料原石以5 300万元成交。2007年，香港佳士得秋季拍卖会上，一件清乾隆时期白玉鹤鹿同春笔筒以逾估价5倍的5 400万港元成交，打破了白玉雕刻拍卖品的世界纪录。2008年在香港苏富比拍卖会上，一件清乾隆年间的白玉雕十六罗汉山子，以956万元成交，创造了中国和田玉成交的最高纪录。和田玉价格的不断攀升也带动了其他产地和田玉价格的走高，如俄罗斯白玉、青海玉等价格也急速攀升。香港苏富比举行的2010年春季拍卖会上，清乾隆帝御宝题诗“太上皇帝”白玉圆玺成交价9 586万港元，刷新御制玉玺的世界拍卖纪录，同时刷新白玉的世界拍卖纪录。乾隆“太上皇帝”白玉圆玺以和田白玉精琢而成，印面雕“太上皇帝”四字，玺顶则阳雕八卦中的乾卦以及双螭龙纹，并以浅泥色入色渗以仿古玉之功效，玺壁通体阴刻“自题太上皇帝之宝”诗。据介绍，在乾隆为太上皇帝期间，共刻制不同尺寸的“太上皇帝”御玺20余方，但印面几乎都是方形或长方形，此拍品是唯一的圆形。最近，和田玉已经进入亿元时代，一方清乾隆青玉螭龙钮“乾隆御览之宝”玺在去年香港苏富比秋拍会上以超过1亿元的天价成交，令市场为之震动。另一方清乾隆御制白玉蛟龙钮“自强不息”宝玺又以5 656万元成交。紧接而来的清代白玉在本季多场大型拍卖会上屡出风头，价格动辄达数百万元。而一些现代新玉的成交价也累创新高，甚至领先于

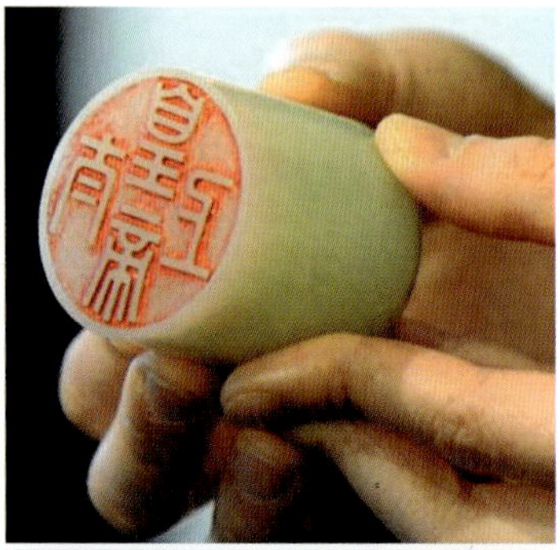

“太上皇帝”白玉圆玺

清乾隆青玉螭龙钮“乾隆御览之宝”玺

清乾隆御制白玉蛟龙钮“自强不息”宝玺

老玉器。中鸿信拍卖公司此前推出的一件现代玉雕大师的作品“吉祥如意”拍出了880万元的天价。在2010年11月的西泠“中国当代玉雕大师作品专场拍卖会”上，82件当代玉雕大师的作品受到热捧，总成交率达90.2%，其中一件重376g的“太白醉酒”和田玉摆件拍出了900万元的天价，该摆件是海派玉雕代表人物、中国工艺美术大师吴德升的作品。和田玉的购买和收藏已成为当前玉石市场的一个热点。这是因为现在和田玉收藏和投资市场的扩大速度飞快，还有就是和田玉拍卖市场风头正盛，起到了推波助澜作用。再者人们认识到，从目前几个收藏品大类看，字画、瓷器赝品多，鉴定时人为因素很大，容易造成误判，而和田玉鉴定可依靠科学检测来实现，因此造假难度高，一般染色做皮和田玉多是低档货品，也比较容易鉴别。

“太白醉酒”和田玉摆件

和田玉特征

和田玉是由闪石类矿物组成的集合体，矿物组成以透闪石为主，化学成分为$Ca_2Mg_5(Si_4O_{11})_2(OH)_2$—$Ca_2Fe_5(Si_4O_{11})_2(OH)_2$。这是两种组分的类质同像系列，在多数情况下，和田玉是这两种端元组分的中间产物，同时含有少量的蛇纹石、石墨、磁铁矿等微量矿物质。细小的闪石矿物晶体呈纤维状交织在一起构成致密状集合体，具毛毡状的交织结构，质地细腻，韧性极好，不易碎裂，当这些纤维定向排列时还可以产生猫眼品种，主要有白色、青绿色、黑色、黄色等不同颜色，多数为单色玉，也有一部分品种常伴有别的颜色。当主要组成矿物为白色

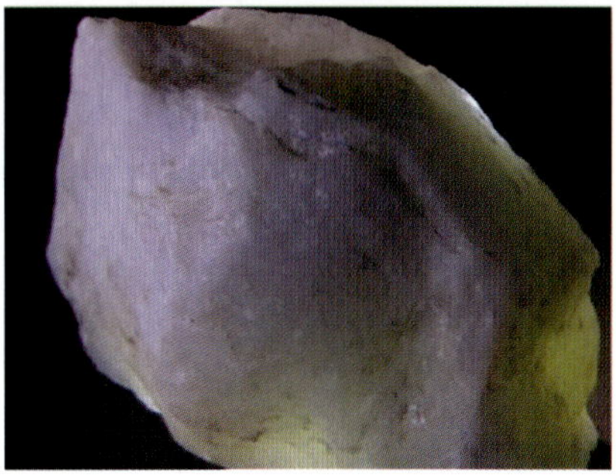

和田玉山料

透闪石时，和田玉呈白色；随着 Fe 对 Mg 的类质同象替代，和田玉的绿色逐渐加深；主要由铁阳起石组成的和田玉几乎呈黑绿—黑色。玉质由半透明到不透明，抛光后呈玻璃—油脂光泽，硬度为 5～6，相对密度为 2.95 左右，折光率 1.60～1.61（点测）。和田玉的质地细腻、柔和，像油脂一样闪烁着一种特殊的光泽，“温润而泽”是它最显著的特点。和田玉非常坚韧，是所有玉石中韧性最强的。这坚韧使它经得起精雕细琢，再精细的工艺造型也能雕琢得工整流畅、清晰完美。

和田玉一般根据其产出的不同情况，将其分为籽玉、山料、山流水三种。籽玉是高山上的原生玉矿剥落后，被流水冲到河中，经过河水不停地翻滚冲刷而形成的。经过河水长期的浸泡和冲刷，玉石的质地更加细腻温润。同时，由于和田玉中氧化亚铁的氧化作用，使得和田玉表面大都带有次生的皮色，有黄色、枣红色、黑色等。籽玉一般块头都不大，是和田玉中的上品。山料又称山玉，是指在山上原生的玉石，山料的外表因为有一层璞（即玉璞，与籽料之皮不同），必须切割掉，才可判断玉质的好坏。山料的特点是块度大小不一，呈棱角状，一般颜色较好而润度常不如籽料。还有一种山流水，指产于离原生矿较近的洪坡积、冰碛中的玉石，一般被河水搬运的时间或距离较短，其块度大，有一定的棱角，稍有磨圆，表面较光滑。

根据国家标准，现代称谓的和田玉是一种玉石种类，而不代表产地，既包括了新疆和田玉，又包括了青海和田玉、岫岩和田玉，甚至包括俄罗斯和田玉等。

和田豹纹山水料

和田黄玉籽料

和田玉的质量评价，主要的影响因素有以下几种。

颜色

白玉是和田玉中最重要的品种，白度是它的门面，也可以说是它的表面。白玉根据不同程度的白又有不同的叫法，如羊脂白、梨花白、雪花白、象牙白、鱼骨白、糙米白、鸡骨白等。其相对的润度为白玉的里面，只有“表里合一”的时候，才配称为好玉，所以颜色和质地要同时考虑和评价。白度等级对白玉来说是非常重要的，只有悦目之白，才更能诠释白玉之美，如和田玉中最著名的羊脂白玉，它的颜色是像羊尾部的脂肪一样的白色，是有很强油脂光泽的、很油润的白色，只有这样的白色才最能体现出白玉温润的品质。有些产地的白玉的白度也很高，但不是油润的白，而是透明度较高的透白，这样的白玉就不是最好的白玉。

其他颜色的玉则要求色彩鲜艳并且色度纯正，也就是说尽量不能带有其他的色调，尤其不能带偏灰、偏土、偏暗的色调。同一块玉料上颜色要均匀，尽量不要有其他的杂色。如有些碧玉颜色非常鲜艳，但是却常含有大量点状和团块状的黑色，这就大大降低了它的价值。当然对某些过渡品种另当别论，在许多情况下，过渡品种中的和田玉常被制作成俏雕的作品，如果设计和雕琢好的话会大大提升它的价值，甚至会超过纯色的和田玉。

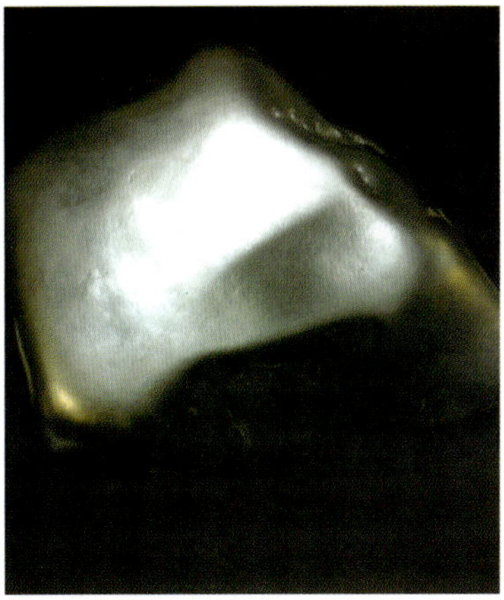

和田碧玉料

质地

和田玉矿物颗粒越细其质地越好，且矿物颗粒的结构越紧密、致密如毡状者质地越细腻。优质的玉石肉眼根本看不到矿物颗粒。一般而言，质地越细腻的和田玉抛光后其光泽也越油润。和田玉与其他玉石最大的区别在于它的细腻温润，在评价和田玉的品质时，行家们往往更看重的是质地而不是颜色，这就是为什么一块质地细腻的青白玉比一块质地较粗的白玉价值更高的原因。许多初学者一味追求白色而忽略质地是个很大的误区。

瑕疵

和田玉的主要矿物是透闪石，含少量的杂质矿物或杂质元素，杂质含量增高会使玉石的外观或某些物理性质发生改变，降低玉的品相。如有些碧玉虽然颜色很好，但其中含有较多的黑色石墨杂质，这样就会使玉看起来很脏，因而大大降低了它的品质。

和田碧玉料

“无纹不成玉”这句话具有一定道理，如用10倍放大镜或肉眼仔细观察一件玉器时，有些小小的玉纹（又叫玉筋）是不足为奇的，这些玉纹除有损玉器的美观外，对坚固性是影响甚微的。如一些裂隙有明显的裂口，甚至用指甲即可刮碰到，这就潜伏着断裂的危险，尤其会影响美观，它的价值会随其严重程度的增加而降低。

块度

在玉质相同的情况下，块度越大者价越高，但是一般优质的玉种如羊脂玉、黄玉、墨玉等块度大的极少见到，偶尔有的话价值极高。

皮

由于和田玉籽料和山料的价格相差很多，而皮是和田玉籽料特有的特征，也是真货的标志。籽料在河水中经千万年冲刷磨砺，自然受沁，这种皮色是很自然的，自然灿烂的皮色，叫做活皮。它的颜色浸入玉内有层次感，过渡自然，皮和肉的感觉是一致的。皮上的颜色应是由深入浅，裂隙上的颜色应是由浅到深。一些名贵的籽玉品种有：枣皮红、黑皮子、秋梨黄、黄蜡皮、洒金黄、虎皮子等。皮色的形成是次生的，很薄（约1mm厚），是氧化所致。

自古以来，同等质量的带皮色的籽料价格要比不带皮色的籽料贵

得多。现在许多人喜欢各种皮色，如洒金、秋梨皮、虎皮、枣红皮、黑皮、红皮等。为此，目前和田玉市场上假皮远远多于真皮，甚至有些本来挺好的料为了卖出更高的价钱也被做上假皮，真是画蛇添足！

白玉雕精品“福寿如意”

白玉缠枝莲如意耳瓶

雕工

主要看工艺水平和题材两方面。和田玉属高档玉料，因此对雕工的要求更高，好的雕工会大幅提升玉的价值。山料的雕琢要突出和田玉的材质美，籽料的雕琢还要把好的皮色恰到好处地表现出来，即所谓的俏色雕工。

玉雕成品加工分为光身成品和雕件成品两大类。光身制品如戒面、手镯等饰品对原料要求较高，不能有裂纹，因为光滑表面存在裂纹很容易见到。所以手镯在和田玉饰品中较为昂贵，手镯需要块度较大、无瑕疵的料才能制作。一些有裂纹的和田玉，大都用来做雕件或山子等，通过雕刻手法可以掩盖裂纹。而选购和田玉雕件时要求其造型完美，雕琢精湛，题材高雅，质地、颜色上乘，瑕疵尽量少有。

年代

由于和田玉在我国有很长的使用历史，古玉器中有相当数量的是和田玉所制，不同历史时期的玉器都有其独特的特点，准确地判断其制作的年代和文物价值也是和田玉评价中重要的一部分内容。

和田玉的质量和价值评价是建立在以上所述的多种影响因素的基础上的，是一个综合的评定过程。但是目前却出现了一种仅以产地来评价和田玉价值的片面观点，不可否认，新疆产的和田玉（尤其是白玉）在品质上普遍好于其他产地的和田玉，但是并不是所有新疆产的玉一定比别的产地的和田玉品质好。这种片面而过分的追求产地的看法背离我们赏玉和藏玉的初衷，只要我们收藏的玉的品相俱佳就行，又何必一定要追究它的产地。其实，人们要准确的判定和田玉的产地，目前来说并不容易，多数属于经验之谈，主要依靠人的主观判断，这种经验的获得几乎花费毕生的精力。即使经验丰富者有时鉴别也不一定正确。

和田玉收藏

各地和田玉的色泽、质地等方面都有一定差异，但是它们同属透闪石质玉石。行家认可的优质玉石必须色调比较均匀，在阳光下反复转动会发出淡淡的青色光晕，温润晶莹，呈油脂或蜡状光泽，总体呈微透明或半透明状，手感较沉。现在，人们尤其喜欢和田玉籽料，玉料是否具有河水千年冲刷后的细腻润泽，成为部分高档次收藏家心中收藏玉石的准则，和田籽料的价值已是其他和田玉的几十倍或上百倍。玉不琢不成器，一块美玉需要良工琢磨。现在，玉器雕琢的人工费日渐上涨，玉器的价值也就越来越高。尽管雕琢玉器可用机器操作，节省人力提高效率，但还是离不开人的创造和构思，离不开人的心灵与技巧。因此，玉器自古以来基本上一直是人工雕琢，而人工雕琢的玉器作品，必须是“因材施艺”，每件都不一样，精品玉器或俏色孤品的价值会更高。玉器小巧玲珑，既便于收藏，又便于把玩，这为玉器收藏和保值提供了广阔的前景。玉器既不像陶瓷那样容易破碎，又不像书画作品容易霉蛀或退色损坏。随着人民生活水平的日益提高，神秘高贵的玉器已逐渐进入了寻常百姓家。玉器收藏要考虑以下几方面因素。

白玉雕壶

白玉山子

玉质

玉质是玉器收藏的首要前提。玉质是指玉石的种类、质地、颜色、光泽、致密度、绺裂、玷污等。一般来说，好的和田玉颜色一定要正。以白玉为例，要选择单一色而非复合色。复合色指白灰色、白黄色、白蓝色等，而单一色指奶白色、纸白色、葱白色等。和田玉以润取胜，收藏投资者要选择细腻、致密的玉雕艺术品。判断时可使用放大镜观看，对比价格相近的和田玉并取其颗粒细腻者。和田玉的干净程度也重要，其表面最好看不到杂质、黑点、白点等。显然，玉石质地、颜色、光泽、温润等越好其收藏价值就越高。当然，玉器需要人的雕琢，如巧雕运用得出神入化，低档玉质的巧雕作品也有很高价值。长期以来，人们多收藏和田白玉籽料，或者白玉、青白玉，其实，一些质地不错的和田玉种也有收藏价值，如和田碧玉，现在其产量较大，价格较低，正是收藏的好时机。碧玉有好坏之分，要选择颜色艳绿、无黑点瑕疵的碧玉收藏，必将得到丰厚的回报。

造型

造型也是决定玉器收藏价值的一个重要因素，玉器造型受玉料形状影响，同时还决定玉器用途，大的玉料可做玉山子，小的只能做玉

白玉仕女摆件

白玉观音山子

白玉雕双耳瓶

白玉香炉

把件或挂件。玉器造型的大小比例要适当，玉器造型匀称而不呆板、均衡而又稳定的才是美的作品。

纹饰

纹饰是玉器的装饰，精美的纹饰特别引人注目和给人以美感，古玉中许多纹饰不仅精美而且还有一定意义。一般说来，纹饰要服从于玉器造型的需要。玉器纹饰要看结构、章法、繁简、疏密等的处理。好的玉器纹饰结构应该章法有条不紊，统一而和谐。

雕琢工艺

好的雕琢工艺能使玉器充满灵气和美感，玉器上不留雕琢痕迹，似行云流水。一件优秀作品不仅要有好的玉质、造型和纹饰，还必须有好的雕琢工艺。大体积好的玉料都要请著名玉雕大师亲自主持雕琢，工艺好的玉雕才有收藏价值。

艺术性

艺术性是每件玉器所追求的最高境界，玉器艺术美的表现在于其气韵生动、形神兼备，能称为玉器艺术品的精品不多。玉雕大师的作品很多，称得上艺术品的也不多。玉器艺术品有着极高的收藏价值。

钻　石

钻 石

钻石无疑是收藏家最关注的品种，钻石业能够长久稳定地发展与它拥有一部明确、完整的评估标准密不可分。天然钻石根据大小、颜色、净度和切工四个方面被划分成不同的品质级别，并有专业的评估机构对其进行评估并颁发证书。这使得钻石的价格透明、公正，推动了其在全球的流通。所以，那些期望得到稳定回报的投资者如果选择钻石收藏将大有可为。2007 年秋季，香港佳士得珠宝翡翠专场上拍了 367 件珠宝，总成交额 3.64 亿元，成交率 79%，前 10 名成交价格均超过了千万港币的大关。一粒 D 色梨形钻石双排翡翠钻石项链(重 31.92ct)，成交价港币 2 496.75 万；一粒矩形切割 D 色钻石(重 20.22ct)，成交价港币 1 936.75 万；一粒 D 色无瑕钻戒(重 15.01ct)，成交价港币 1 600.75 万；一串钻石垂链(重 41.24ct)，成交价港币 1 208.75 万；还有一粒黄色钻石(重 20.07ct)，成交价港币 1 152.75 万。以下几个国际钻石拍卖市场的例子也说明钻石收藏非常火热。1987 年重仅 95 分的韩考克红钻(Hancock Red Diamond)，虽其净度只有 I_1，可在佳士得拍卖会场上，以天价 88 万美金卖出，而当事人则是在 1950 年以 13 500 美金买入的，创造了钻石每克拉售价的最高记录。在 1988 年拍卖会上，世界上最大的有色钻石，原石重 890ct，切磨出 407.48ct 的梨形钻，以 1 250 万美元成交。2004 年苏富比拍卖行在日内瓦公开展示了一套珍贵的无瑕疵梨形钻石首饰，包括一对分别镶有 23.29ct 和 25.06ct 钻石的耳环，价值237 万美元，而镶有 32.88ct 的钻石链坠估计可拍出 170 万美元。2004 年 10 月，一颗重 88.88ct、估价 4 200 万港元的巨型方钻在上海花园饭店预展两天，引

钻石吊坠

FEICHANGBAOBEI

起轰动。当年 11 月 2 日，它在香港以 4 732.64 万港元的价格成交，刷新了亚洲珠宝拍卖中钻饰成交价格的最高纪录。2005 年 10 月 18 日，香港展示了一枚重 20.36ct、估价为 1 050 万～1 250 万港元的天价梨形钻石。2005 年 11 月 22 日，一枚价值 32 亿日元（约合 2 750 万美元）的 100ct 的黄色钻石在日本东京举办的一个珠宝展上亮相。2006 年世界钻石之都比利时安特卫普的一家交易中心拍卖了世界第 15 大钻石“莱索托诺言”，成交价格 1 236 万美元，这颗钻石是近 13 年来发现的最大的一颗。这颗名为“莱索托诺言”的钻石有高尔夫球大小，重 630ct（约 120g），在非洲南部国家莱索托发现。珠宝专家将这颗钻石鉴定为 D级，是颜色最白的级别，纯净而没有其他杂色。购买这颗钻石的南非钻石公司属英国著名珠宝商格拉夫公司旗下，他们计划将这颗钻石切割成小块，估计最终售价将超过2 000 万美元。2007 年，一枚重 215ct 的金刚石在世界钻石之都——比利时安特卫普市以 830 万欧元的价格售出。2007 年，苏富比拍卖行香港分行以 3 310万美元的天价售出一颗巨型深蓝色钻石，这颗深蓝色的大钻石足有 10.8ct，被

最大的有色钻石

韩考克红钻

黄色钻石

钻石“莱索托诺言”

巨型方钻

切割成心形，是目前为止苏富比拍卖行在亚洲售出的最昂贵钻石。2007 年 2 月 12 日，一名克里斯蒂拍卖行的工作人员在瑞士日内瓦展示一枚以珍稀的蓝色泪滴形钻石装饰的戒指。这枚 3.45ct 的钻戒预计售价在 130 万～160 万美元之间。2007 年 10 月，一颗重达 20.58ct 的黄色巨钻名为“火凤之心”在我国展销。据介绍，这颗售价 1 088 万元人民币的巨钻原产自于地球日照最多的刚果(金)东开赛省，钻胚最初重达 138ct，经美国钻石切割大师 Mr.Saiven 先生历时 3 个月加工，整块钻石切割出 61 面。2007 年 11 月，瑞士克里斯蒂拍卖行一枚 2.26ct 的紫红色钻戒，估价 150 万到 187.5 万瑞士法郎。2011 年佳士得拍卖了一对 The Imperial Cushions 钻石耳坠，重量 23.49ct 及 23.11ct 的枕形戈尔康达 D 色完美钻石耳坠，成交价达 7 234 万港币，每克拉 20 万美元，为戈尔康达白钻每克拉最高平均价的世界拍卖纪录。

据中国珠宝首饰协会的数据统计，2010 年 5 月至今，全国钻石销售额突破 10 亿元大关，同比增长超过 30%，其中 2～5ct 的钻石销量同比增长更是超过 40%。2011 年上半年，安特卫普的钻石平均拍卖价几乎翻了一番，上涨到每克拉 3 052 美元，而 2010 年上半年的价格是每克拉 1 728 美元。来自中国和印度的需求是推动钻石价格大幅上涨的主要原因。2011 年 5 月 15 日，国际钻石报价再度传来涨价的消息，平均涨幅为 6%，其中 1～3ct 的涨幅较大。有钻石零售商表示，目前随着市场的走俏及需求的高涨，钻饰品价格的整体上涨势在必行。2011 年，钻石价格继续走上升的通道，特别是一些高质量、1ct 以上的钻石产品价格上涨势头更猛。钻石持续涨价除源头被寡头垄断外，中国存在的巨大消费需求也成为钻石价格上涨的重要因素。事实上，国内市场对钻石的刚性需求一直存在，结婚、投资收藏和时尚消费三类需求一直都支撑着钻石的上涨趋势。近两年，中国钻石珠宝市场的增长速度都在 30%以上，显示出巨大的需求刚性。

钻石特征

钻石（金刚石）的化学成分主要是C，是碳原子作有规律的排列而组成的晶体。钻石除含碳元素外，还含有少量诸如SiO_2、MgO、CaO、FeO、Fe_2O_3、TiO_2等杂质，含量达4.8%。钻石还常含有包体，主要有橄榄石、石墨、云母等。钻石晶体结构具立方面心晶胞。碳原子除位于立方体晶胞的角顶及面心外，还将立方体平分为八个小立方体，相间排列的小立方体中心还存在着碳原子。每个碳原子周围均有四个碳原子围绕，形成四面体配位，碳原子间以共价键连结，从而使钻石具有高硬度、高熔点、不导电的特性，在很大的温度压力变化条件下其化学性质很稳定。钻石在相当高的温度下会燃烧，生成二氧化碳。实验证明，钻石在大气中的燃烧温度为850℃～1 000℃，在纯氧中的燃烧温度为720℃～800℃。无色钻石晶体燃烧时几乎不产生灰烬（含量为0.02%～0.05%），其主要元素碳都变成二氧化碳气体了。

钻石原石为等轴晶系，常为八面体和十二面体晶体，折光率2.42，色散0.044，钻石抛光面之所以呈现灿烂金刚光泽是由于钻石具高折光率和强色散，使之呈现五彩斑斓、晶莹似火的光学效应。纯净钻石无色透明，但由于微量元素的混入使它呈现不同颜色，比如钻石含微量硼元素呈蓝色；含氮元素呈黄色。钻石还有褐色、烟灰色，极少量为乳白色、浅绿色、玫瑰色、红色、紫色和黑色等。绿色、蓝色、紫色天然钻石非常稀罕，黑色钻石也十分罕见。钻石具有典型的金刚光泽，透明。贝壳状断口，摩氏硬度为10，为钻石独有特征，它的绝对硬度比石英高1 000倍，比红、蓝宝石高150倍。钻石相对密度为3.47～3.56，一般为3.52左右，抗磨性极强，熔点高。具发光性，日光下暴晒后，夜晚能发出淡青蓝色的磷光。

钻石晶体

钻石菱形十二面体曲面晶体（宝石级）

钻石评估

黑色钻石——伏尔甘(Vulcain)

评价钻石的品质有四个方面：重量、颜色、切工、净度，这就是所谓的“4C”标准。

钻石越大越难采到，故而越值钱。钻石的计量单位多以“克拉”(0.2g) 来计算，钻石还有特殊的重量单位“分”，1ct=100 分。计算钻石的重量价值通常是以钻石重量的平方乘上依一定重量而定的市场基价：钻石价值 =(重量)^2 × 基价，比如一粒钻石重量是 2.5ct，市场基价每克拉售价 8 000 美元，其价值应为 5 万美元，而不是 2 万美元。由此可见重量对钻石的重要性，精确地对钻石称重是必须的。

钻石的色级也重要，无色剔透的钻石更能出火彩，而且比黄色或灰色更稀少，当然其价值就更高。钻石的颜色主要有浅蓝色、无色、白色、浅黄色、黄色等。一般来说色度在 100～96 之间的为无色、白色钻，相当于美国 GIA 的 D—H 色级；色度在 95～90 之间的为淡黄色钻，相当于美国 GIA 的 I—N 色级；色度在 89～86 之间的为黄色钻，相当于美国 GIA 的 O—R 色级。除此之外，还有粉红色钻、红钻、绿钻、蓝钻和黑钻，均为珍品，故应特殊评价。钻石颜色分级是一项极为精细的工作，多采用对比办法，即选出标准钻石样在特制的灯下对比分出色级。

净水钻石——“琼格尔”

好切工能使钻石最大限度闪烁光芒，一般分为极好、很好、好、一般四个等级。从矿中开采出来的金刚石晶体是钻石坯，需要切磨才能成为钻石戒面，钻石的切割主要是依据能最大限度地将射入钻石中的光全部反射回钻石台面而设计的，使之展示钻石特有的强色散效果。所谓的标准钻石型是指钻石有 58 个刻面，25 分以下的小钻石没有底部小面，故而只有 57 个刻面。琢磨这些刻面的角度要求是非常严格的，角度过高或过低都会造成漏光或反射光不足，一般说来，冠部角在 31° ～37° 之间，亭部角在 40° ～42° 之间为最佳。此外，钻石切割要有对称性，各组刻面的角度、大小、长短应一致，分布和比例应准确，钻石腰部厚薄要适中，太厚可能影响光线反射，太薄则影响钻石的品质，用 10 倍放大镜观看刻面，一般说来不应有琢磨造成的细纹，如出现细纹说明抛光不好。另外就是人工损伤，如加工时对钻石造成破碎、掉角等现象，这将影响钻石质量，售价将大大降低。

钻石净度也是最重要的指标，净度大致分为：LC、VVS、VS、SI、P 五个级别，净度越高价格越贵。净度代表钻石的透明程度，主要是从它的体积、位置和内含物的数量与瑕疵来评级。每颗钻石均独一无二，同时含有与生俱来的包体，如矿物或未晶化碳物等，犹如天然胎记，而这些包体的数量、大小、形状、颜色会决定一颗钻石的净度及独特性。钻石包体数量越多，包体越大，包体越居中，包体的颜色越深或越淡包体就越明显，钻石级别越低。事实上，大部分的钻石内含物均不能以肉眼辨识。钻石的内含物愈少，光芒折射愈多，钻石亦会加倍璀璨。影响钻石净度的不仅包括宝石内部原有的缺陷（或包体），还有加工过程中对钻石表面造成的瑕疵。简单来说，完全洁净级（LC 级）是指在 10 倍放大镜下观察钻石里里外外均没有任何瑕疵。VVS 级是指钻石在 10 倍放大镜下观察，一般人无法找到瑕疵，而专家却可发现一些极小瑕疵，但一般难以确定其大小及准确位置。VVS_2 与 VVS_1 级的区别有时是极微小的，VVS_2 表明瑕疵更容易看见一些。VS 级是指在 10 倍放大镜下，专家可观察到瑕疵的大小及确切位置，但瑕疵数量小，分布的位置也不明显（如在亭部）。此级的钻石，一般人用 10 倍放大镜也可看到瑕疵。VS 也可分为 VS_1、VS_2。SI 级则指在 10 倍放大镜下，可观察到瑕疵及包体，瑕疵的位置也较明显。SI 又可分为 SI_1、SI_2。P 级钻则指有明显瑕疵的钻石，甚至不用 10 倍放大镜也可见瑕疵。根据瑕疵的数量及明显程度，分为 P_1、P_2、P_3。粗略的分级可

不同净度钻石的反光

以这么说：如果在10倍放大镜下很容易找到钻石的瑕疵，则净度一定在SI级下；如肉眼能见瑕疵，则为P级。

了解了钻石品质，就可根据自己的经济能力选购钻石。钻石价值是由“4C”（质量、颜色、净度、切工）决定的，这是全球都共同遵守的钻石评价标准，也给世界范围内的交易带来便利，从而使得钻石成为各国流通的昂贵商品。

钻石收藏

铂金群镶方型钻戒

钻石收藏的主要目的是为了增值和保值，也就是为了投资。钻石近两年成为投资新宠，市场上还出现了“炒钻团”，到处收集大克拉、高净度、高级别的钻石，使得市场上的大钻石越来越稀缺。收藏钻石首先要保证是真钻，还要保证钻石的品质，高净度、高色级、好切工、大克拉的钻石，尤其是钻石的切工要好，1ct以上的钻石才有投资收藏价值。一不愿意透露姓名的美籍华人，2010年前后买了3颗价值300多万元的钻

绿色钻石

石，总价值上千万元。至今，这几颗钻石的平均涨幅已达到30%，也就是说，不到一年时间，其价格已经涨了300多万元。

从根本上来说，产量是影响钻石价值的最大因素。钻石是垄断市场，多年来证明，垄断钻石销售对钻石市场起到了保护作用。几十年来，钻石的价格增值大幅超过了通货膨胀率。钻石同时也是私密性最好的个人财富投资。钻石质量和价值的评估可以通过“4C”标准定量化操作，这有利于世界钻石市场的规范交易，世界各国都能按一定标准收购交易钻石，这样，钻石就成为世界范围的一种硬通货。再者，钻石体积小，坚硬无比，便于携带，无论走到何处都可以进行兑换。任何国家的政府也不会屯积钻石，因此，各国政府不会去控制或影响钻石的自由交易市场。

彩色钻石近年来异军突起，成为收藏界的热门。2009 年 11 月苏富比拍卖行以307 万美元的有史以来最高价，拍卖出一颗罕有的绿色钻石，钻石重达 2.52ct。2010 年，一颗蓝色钻石在苏富比拍卖会上卖出了破纪录的好价钱。这颗重 7.03ct 的鲜彩蓝钻纯净无比，蓝色亮丽，被香港商人以 1 050 万瑞郎拍到。佳士得拍卖公司近年拍卖出的粉色彩钻，就有 4 颗拍卖价格突破每克拉单价 100 万美元的纪录。在 2010 年 11 月 29 日晚间，一颗重 14.23ct 的“完美粉红”钻以 1.8 亿港元成交，成为亚洲迄今为止最贵的珠宝。这颗长方形浓彩粉红钻不仅体积大，而且色泽浓艳，不含任何杂质。同年，一颗重量为 5.16ct 的罕见

蓝色钻石

粉红美钻

罕见蓝钻

艳彩粉紫彩钻

蓝钻于12月在中国香港拍卖，估价为400万英镑（约合596万美元）左右。而2011年4月12日在纽约拍卖会上，一颗10.09ct的艳彩粉紫彩钻，拍卖价格就高达1200～1500万美元。彩色钻石的产出比普通钻石更为稀少，其价格比普通钻石高出数倍也是可以理解的。过去，一般人认为，虽然钻石价值高，容易携带，升值前景也好，但变现困难。这其实是个误区。在国外，钻石可以在银行方便地抵押获得贷款，美国、欧洲等地还有专门的钻石银行；在国内，随着国内钻石投资市场的日益成熟，很多大型钻石销售商也意识到了这一问题，已经建立了一些回购渠道。

钻石是昂贵的世界硬通货，多少年来钻石一直是合成、仿制、假冒的主要目标。目前世界上合成钻石已经成功，钻石改色也取得了很大进步，优化处理的钻石充斥市场，现代的仿制和假冒钻石越来越像，为此钻石鉴定是必须的，钻石鉴定是一项专业性很强的精细工作，需要在实验室进行。市场上出售的钻石都带有证书，但需要了解这些证书是否有权威性，是否符合国家标准。

宝 石

祖母绿

清代祖母绿镶钻挂件

莫卧儿祖母绿

祖母绿价值历来昂贵，是人们收藏的热点珠宝。1996 年北京瀚海拍卖一件清代祖母绿镶钻挂件(镶钻 34 颗)，当时成交价为 385 万元。发现于 1695 年的一颗巨大的祖母绿宝石重达 217.8ct，约 10cm 高。它一边刻着祈祷文，另一边雕刻着花卉图饰。这个传奇的祖母绿在 2001 年 9 月 28 日的伦敦佳士得拍卖会上被一名买主以 2.2 亿美元买走。2004 年，上海宗源的一次珠宝拍卖会上，一枚祖母绿钻石戒指，祖母绿颜色饱满，火光明亮，内部几近无瑕，重 13.99ct，镶配 6 颗水滴形钻石，成交价为 37.4 万元。2006 年，华辰拍卖的一套祖母绿饰品估价 280 万～380 万元，此套装包括一条项链、一对耳钉和两枚戒指。项链为 18K 白金镶一颗祖母绿蛋面，颜色浓艳，蛋面饱满，并配镶 3 粒马眼形钻石和 43 粒圆形钻石；耳钉为 18K 白金镶 2 颗祖母绿蛋面，配镶 28 粒圆形钻石；男款戒指为一颗祖母绿蛋面配镶 39 粒钻石，女款戒指为一颗祖母绿蛋面配镶 28 粒钻石。2007 年的一次拍卖会上，一件产自世界最著名祖母绿产地——哥伦比亚木佐的祖母绿套链坠，其拍卖估价为 350 万～450 万元，最后成交价 451 万元。这套链坠重达 153.87ct，且色泽品质均优，可说是极为罕见。2009年 11 月佳士得伦敦珠宝拍卖会上，一枚重量为 5ct、椭圆切割的镶白钻祖母

祖母绿套装

绿戒指，以 47 571 美元成交。2011 年苏富比拍卖会上，一对匀称匹配的哥伦比亚绿宝石镶钻耳坠也有上拍，估价 630 万～780 万港元，这对分别重 10.73ct 及 9.52ct 的耳坠，其古垫形的主石均未经净度处理，呈现浓艳迷人之碧绿颜色，晶莹剔透，切割匀称，为市场罕见珍宝。还有一枚重 8.88ct 的天然哥伦比亚绿宝石镶钻指环，估价 400 万至 480 万港元。苏富比拍卖行公布称，2011 年 5 月 17 日晚以 1 273.69 万美元的高价拍卖了一顶祖母绿王冠，这是德国贵族、著名实业家吉多·亨克·冯·唐纳斯马克 1900 年送给妻子的礼物。王冠正面有 11 枚硕大的祖母绿宝石，共重逾 500ct，王冠基座上以钻石作为配饰。有人相信王冠曾属于拿破仑三世的妻子欧金妮皇后的私人珍藏，王冠上的祖母绿更有可能曾镶嵌在印度国王的项链上。这顶王冠堪称世界拍卖的祖母绿的顶级珍品。

祖母绿套链坠

祖母绿的化学成份是 $Be_3Al_2Si_6O_{18}$，还含有铬、钒、镍等微量元素。祖母绿的绿色主要是含铬元素所致，是过渡元素铬离子（Cr^{3+}）的晶体场分裂效应所引起的。深绿色的祖母绿氧化铬含量达 0.5%～0.6%，浅些的祖母绿氧化铬含量 0.15%～0.2%。祖母绿为六方晶系，长柱状，透明—半透明，玻璃光泽，摩氏硬度 7.5～8，韧性度低，仅 5.5，性脆，相对密度 2.67～2.78，这与晶体中铬等元素含量有关，颜色越深密度越大，深绿色密度达 2.78。祖母

哥伦比亚祖母绿镶钻耳坠

祖母绿王冠

祖母绿晶体

绿为一轴负晶，折光率在 1.564～1.602 之间，荧光下呈红色，滤色镜下多为绿色，哥伦比亚祖母绿呈粉红色。其透明度取决于氧化铁含量，含氧化铁越少越透明，超过 0.6%，绿色就会变暗。由于祖母绿是气成热液环境中形成的，所以晶体中含的包体很多。常见的有黑色的炭质颗粒、黄铁矿、黑云母和钠长石包体，还有阳起石、方解石、电气石、磷灰石和金红石等，故而十分纯净的祖母绿不多见。市场上出售的普通祖母绿首饰，多有云雾状的包体和绵纹，有的瑕疵还十分明显。不同地区的祖母绿物性也不尽相同，哥伦比亚契沃尔（Chivor）的祖母绿呈略带蓝色的翠绿色，堪称世界最佳的祖母绿；乌拉尔祖母绿呈黄色调的绿色，质量也不错；巴西祖母绿呈黄绿色和绿色，透明度差，属低档祖母绿。此外还有祖母绿猫眼、星光祖母绿等品种，均极为罕见。

祖母绿内部瑕疵

最能表现祖母绿晶莹美丽的磨工是八边形台面和四周平行排列的梯状斜面聚形款式，人们称之为“祖母绿款式”。它是一种标准款式，就像钻石的标准款式那样，是最为常见的磨工款式。

世界上生产祖母绿的国家不少，产量也比较大，然而优质的祖母绿却不多。由于祖母绿多形成在气成热液环境下，是处在相对不稳定条件下形成的，挥发份很多。祖母绿结晶时常伴随一些气液包体和固相包体进入晶体之中。祖母绿晶体性脆，在动荡不定的形成过程中也易造成裂纹和绵纹等，这是祖母绿晶体多瑕疵、包体、不洁净的主要原因。祖母绿多瑕疵，真正无瑕疵的很少很少。一般说来，优质祖母

标准祖母绿切工

高质量祖母绿晶体

绿的售价高得惊人，甚至比相同质地大小的钻石贵 3～4 倍。而不同产地的祖母绿，其售价也差别很大，达到几十倍上百倍之多。笔者认为应从颜色、质地和大小三个方面来评估祖母绿。

祖母绿由于自身物理光学特性所决定，不像多数宝石那样璀璨夺目、闪烁光芒，因而它颜色的美丽是决定其价值的最主要因素。最优质的祖母绿其颜色必须是强烈的暗色调略带蓝的翠绿色，这样能给人一种柔和的感觉，哥伦比亚祖母绿就具有这种鲜艳的翠绿色。祖母绿颜色要浓艳、纯正、均匀。浅色调的祖母绿即使无裂和透明，价值也很低；颜色不纯、有杂色或色调不均匀者其价格也上不去。国际市场上以哥伦比亚蓝绿色的优质祖母绿售价最高，巴西祖母绿价值就低多了，原因就在于颜色上的差异。观察祖母绿多了，就会发现这样一个规律：颜色越好，其完美程度就越差；颜色浅的，则多比较完美。

祖母绿的质地主要是指其透明度、净度和完美程度。一般说来，透明度好、少包体和少裂纹的祖母绿可以琢磨成价格昂贵的祖母绿型刻面宝石。若透明度差、多裂纹或包体，即使颜色漂亮也只能琢磨成素面宝石，严重裂纹的不能作为宝石。由于祖母绿形成于气成热液矿床之中，多裂纹和包体。绝大多数祖母绿晶体中都有瑕疵。市场上选购祖母绿时用肉眼观看晶体中的裂纹和包体是否存在，质地比较好的祖母绿以肉眼看不见为准。当然最主要是考虑颜色好坏，再次看质地如何，应综合考虑祖母绿的评估。

世界上发现不少巨大的祖母绿晶体，然而市场出售的祖母绿粒度都比较小，尤其是优质祖母绿。宝石级祖母绿多在 0.2～0.3ct，大于 0.5ct 的优质祖母绿比较少见，售价也高得惊人。色正、透明、最优质的祖母绿，大于 2ct 的极为稀罕。

评估祖母绿以颜色为主要依据，其次是质地和重量，祖母

祖母绿饰品

祖母绿吊坠

祖母绿钻石戒指

祖母绿钻石手镯

绿一般分三级。

一级：深翠绿色、翠绿色、带蓝的蓝绿色，透明，包体少，裂隙不超过总体积的5%。

二级：深翠绿色、翠绿色、带蓝的蓝绿色，透明，裂隙不超过总体积的10%。

三级：深翠绿色、翠绿色、带蓝的蓝绿色，半透明，裂隙多，占总体积的15%。

祖母绿收藏首先必须是真品，与祖母绿相似的绿色宝石比较多，常见绿碧玺、萤石、翠榴石、钙铝榴石、铬透辉石、绿玉髓、磷灰石、翡翠、绿色玻璃、合成钇铝榴石、合成立方氧化锆，还有人工合成祖母绿。祖母绿仿制品和相似宝石还是比较容易鉴别。人工合成祖母绿与天然祖母绿的成分、物化特征都十分相近，鉴别较为困难，但它们价值相差较大，一定要注意区分。

收藏祖母绿一定要选择深翠绿色的，浓度不能太深也不要太浅，色调太深就会发暗，太浅颜色就不鲜亮。色泽浓淡适宜，是祖母绿最重要的价值指标。

收藏祖母绿尽量选择透明度高、杂质少、瑕疵少的高档品种。有裂纹、杂质多的祖母绿价值将大打折扣，不适宜收藏。

收藏祖母绿尽量选择颗粒大的，通常来说，大于1ct的优质祖母绿才有收藏价值。

红宝石

1983年，印度一位名叫维代拉吉的律师在其父母房内发现被称为拉特拉自纳和玛西的两粒巨大的红宝石，估计价值最少值5亿美元。16世纪莫卧尔皇帝头巾上的阿格拉粉红宝石，重30.24克拉，于1990年6月20日以402万英镑的创纪录高价卖给了一位香港珠宝商，据说这是世界上第七颗最大的粉红宝石。数年前，在缅甸一次交易会上，

一粒重 9.1ct 的刻面红宝石标价 85 万美元，而中标者付出 90 万美元，售价达到每克拉 10 万美元。在另一次缅甸珠宝交易会上，一粒刻面红宝石重 14.65ct，售价高达 143.892 万美元；一粒重 4.7ct 的刻面红宝石价格高达 28.2 万美元。1987 年，温莎公爵夫人的红宝石钻石项链，成交价 390.5 万瑞士法郎。2006 年 2 月佳士得在瑞士举行的拍卖会上，一枚 8.62ct 垫形缅甸红宝石，以 2 909.98 万港元成交，创下每克拉 340 万港元的世界纪录。同年苏富比拍卖会上，一对异形钻环绕的红宝石耳钉和一串红宝石项链分别被专家估价 148 万港元和 280 万港元。从 2009 年拍卖会的出现数量来看，红宝石首饰的拍卖成交量很高，仅苏富比秋拍会一场，就有超过 20 件红宝石产品亮相，最后的成交率超过了 90%。2009 年苏富比珠宝秋拍的另一大亮点是“罗克斯堡红宝石”珠宝套装。这套珠宝包括一条项链以及配套耳环，先前属于英国罗克斯堡郡玛丽公爵夫人。其中项链制于 1884 年，以 24 粒红宝石和 24 粒钻石制成并镶嵌金银。这一红宝石套装最终以 577 万美元成交，是预估价格的 5 倍。2010 年 7—8 月，苏富比、佳士得在世界各地分别举行了 4 场拍卖会，其中红宝石销售火热。苏富比在 8 月拍卖会上，6.8ct 的红宝石戒指以 128 万美元的高价成交，成交价是起拍价格的近 3 倍。国际市场拍卖的红宝石价格一路上涨，平均价较 2009 年初期涨 50%以上，刷新历史纪录的拍品比比皆是。比如，佳士得珠宝拍卖会上，重量在 5～15ct 之间的红宝石，一般成交

红宝石戒指

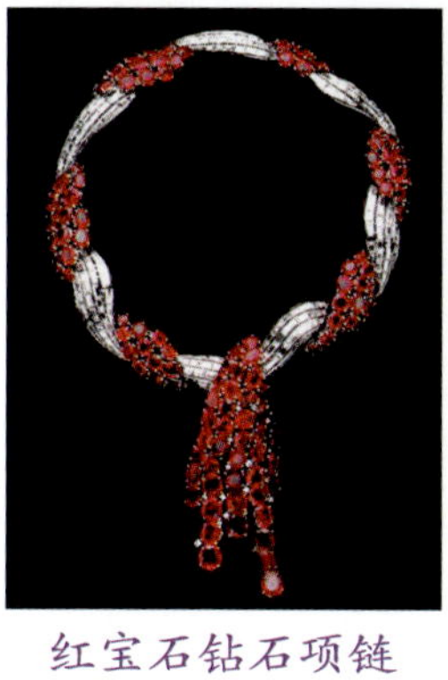

红宝石钻石项链

“罗克斯堡红宝石”珠宝套装

缅甸红宝石镶钻指环

彩色宝石套装

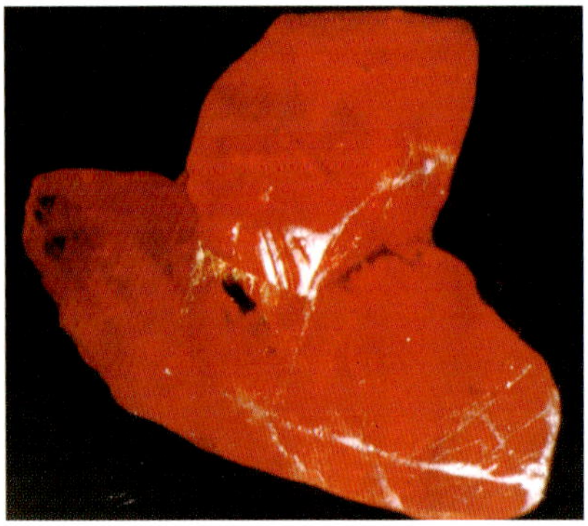

云南红宝石晶体

价格都能达到20万元以上，而在2009年的相同拍卖会上，大克拉红宝石的价格不过10万～15万元。2011年4月苏富比专拍带来了两粒缅甸抹谷的顶级红宝石。其中宝格丽27.67ct天然缅甸红宝石镶钻指环估价为1 200万～2 000万港元，为拍卖史上最大的宝石级“鸽血”抹谷天然红宝石；另一件红宝石拍品为一套天然缅甸红宝石镶钻项链及耳坠套装，29粒红宝石共重75.56ct，所有红宝石均为“鸽血”抹谷天然红宝石，大小相若，色泽均匀饱和，估价1 100万～1 500万港元。还有一件梵克雅宝（Van Cleef & Arpels）约于1959年出品的缅甸红宝石镶钻“簇叶”手链（估价320万～380万港元约合40万～48万美元），以总重约29.60ct的未经加热处理的天然缅甸红宝石，以及重约20ct的白钻组成，工匠精巧地把各宝石镶嵌在手链上，佩戴时呈现玲珑曲线美，柔和地与佩戴者之手腕互相结合，展现出非凡之工艺。2011年9月22日，香港苏富比拍卖会预展一套6.08ct及6.23ct天然缅甸红宝石镶钻耳坠，估价800万～1 000万港元；一条天然缅甸红宝石镶钻项链，其中红宝石共重66.47ct，估价950万～1 200万港元；一枚10.40ct古垫形天然克什米尔蓝宝石镶钻指环，估价650万～800万港元。

红宝石的主要化学成分是Al_2O_3，其中含有一定数量的氧化铬。深红色微透明的红宝石氧化铬的含量可达4%。红宝石颜色不均匀，常见平直的色带。红宝石通常结晶成六边棱柱，端部为平面，属六方晶系；没有解理，断口呈贝壳状，摩氏硬度9。红宝石坚韧度极好，抗冲击力强。红宝石多有层纹，聚片双晶发育，优质无裂者不多见。红宝石相对密度3.95～4.05，一般为4，透明度为透明至不透明，断口为玻璃光泽，抛光面呈玻璃至金刚光泽。红宝石垂直 C 轴晶面通常含有针状金红石晶体包体，往往组成三组交角 600 的平行针状体，这对垂直 C 轴面切磨素面的红宝石呈现六射星线起到重大作用。若这些矿物包体只沿平行 C 轴一向排列，就会呈现带状闪光效应，即“猫眼”现象；若这些包体呈不规则的密集形堆积，就可能呈现乳白色团斑。极少数红宝石还有似金绿宝石的变彩，由蓝色变为紫红色，偶尔由绿色变成微红褐色。红宝石包体还有锆石、尖晶石、云母、赤铁矿、石榴石和刚玉晶体颗粒，并常有气液包体，呈“指纹”状分布。红宝石有多色性，深紫色和橘红色。红宝石折光率 1.762～1.77，双折光率 0.008，色散 0.08，红宝石为一轴晶负光性。红宝石颜色有粉红、紫红、暗红、鲜红和鸽血红，一般常见红宝石的红色色度浅而不正,唯有鸽血红为最佳颜色。有的专家认为只有鲜红或鸽血红的刚玉，才称为红宝石，而粉红、浅红者均称为红色蓝宝石。最近国际宝石组织明确规定，呈红色颜色的宝石级刚玉均为红宝石。红宝石因含微量铬（Cr）而呈娇艳红色，所以显示强萤光效应，即能在紫外线下呈现鲜红色萤光。

首先，收藏红宝石一定要收藏真正的红宝石。红色宝石比较多，如红色尖晶石、红色碧玺、红色石榴石、红色锆石等，还有人造红宝石、人造玻璃等，我们要很好区分。比如，历史上著名的黑太子红宝石就是红色尖晶石。

收藏红宝石，其颜色可以说是评价红宝石最重要的因素，最优质的红宝石其颜色应该是鲜红或鸽血红，鸽血红纯正的深红色瑰丽无比，切割后的光泽可媲美钻石闪耀的光彩。在红宝石的鉴定体系中，颜色分为深红色、红色、中等红色、浅红色、淡红色五级。一般来说，

红宝石套饰

红宝石戒面

红色越纯正、越浓艳，宝石的价值也就越高。浅紫红色的红宝石也是优质品，其次还有深紫色、桃红色、粉红色、橙红色等。评价红宝石的颜色最好有一套红宝石标样或不同红色色级的图片作为参照，这样可划分出最好的、好的、一般的和差的，观察红宝石最好在上午的自然光下进行。红宝石的颜色要鲜红而柔和，光亮度要高，色泽纯正，浓度适中。

星光红宝石坠

红宝石颜色的均匀也十分重要，红色均匀、鲜艳夺目的红宝石非常稀罕也十分昂贵，大多数红宝石都有颜色不均的色带。深浅不一的红色条带细长而平直，并重复出现。有时红宝石晶体上呈现年轮状的色带，其实这就是红宝石的生长线。

评估红宝石质地对收藏红宝石尤为重要。红宝石素有“十有九裂”一说，这高度概括了红宝石大多有裂纹和瑕疵的特点。对红宝石作价值评估，则以裂纹、瑕疵少为佳；切工则是指对琢型、比例、对称性几个方面的要求，影响宝石的光泽和反火，因而也是评估红宝石价值的一个因素。红宝石透明度好，少裂纹，可以琢磨成刻面宝石；若不透明或裂纹多，即使颜色极佳，也只能作为素面宝石，价值就低。红宝石透明度越好，反射光就越强，甚至出现金刚光泽，出“火”就多，使宝石更加艳丽悦目、烁烁闪光。在红宝石的肉眼鉴定中，一般将透明度分为：透明、亚透明、半透明、亚半透明、不透明五个级别。红宝石晶体中若有许多包体，将严重影响其洁净度，使之不能成为刻面级宝石。优质红宝石在 10 倍放大镜下观察，无明显包体存在。一般说来，透明度好、少瑕疵的红宝石晶体可琢磨成售价很高的刻面级宝石，而透明度差、有小裂纹和包体的晶体只能作为低价的素面级宝石。净度越高的红宝石越珍贵。

红宝石手链

自然界中优质红宝石的粒度大都很小，红宝石的价值是根据其重量的平方向上递增，如超过 5ct 的红宝石就要依其质量单独论价了。大于 10ct 的红宝石极为稀罕，即使在世界各地，任何一个时期都不会获得 5 粒以上，所以颗粒越大的红宝石其收藏价值越高。当红宝石大于 2ct 的时候，价格上会有很大差异，3ct 以上非常稀罕，5ct 以上毋庸置疑是极端珍稀的顶级宝石。但 1ct 以下的红宝石，其价格则会迅速下降，也没有太大的收藏价值。

总之，颜色鲜红、质地好、粒度大的红宝石价值就高。当然刻面宝石的磨工也很重要，比例要适中，角度要准确，才能使红宝石出“火”多，更加光彩夺目。

有的素面红宝石在单光源下出现六射星光，故而称为星光红宝石。评价星光红宝石，首先要考虑其颜色，当然以鲜红或鸽血红为最佳色；其次是星光要完全，没有断线，并且位居宝石正中间。星光还应清晰，使人感到星光来自宝石内部，透明的星光红宝石，十分稀罕，其价值也十分昂贵。一粒优质星光红宝石其售价可高过相同大小的优质刻面红宝石，我们在评价红宝石时要综合考虑，自然界中红宝石完美无瑕的极少，只要颜色好，质地不错，琢磨的品形好，就可认为是一粒优质红宝石。

红宝石在欧美成熟的珠宝市场上占彩色宝石市场份额高达 20%～30%，但是我国目前市场份额仍不足 5%，所以红宝石的增值空间十分巨大。另外，红宝石也是当今世界公认的四大高档宝玉石之一，本身就具有珍贵的收藏价值和巨大的增值空间。红宝石需求不断增加，红宝石资源则大幅减少，很多矿场已经停产。每 500t 的矿石中，仅能得到 1ct 的红宝石，而品质优秀者寥寥无几，其珍贵可见一斑。目前红宝石资源越来越珍贵，促使近年来国际红宝石价格节节攀升。

蓝宝石

蓝宝石历来受到人们喜欢，它晶莹剔透的质地、炫目湛蓝的色彩、经久耐磨的性质成为收藏投资热点。2003 年 11 月，索思比拍卖行和克里斯蒂拍卖行在日内瓦举办的拍卖会，当时一颗重达 478ct 的大型蓝宝石以 149 万美元的价格售出。2003 年克里斯蒂拍卖行拍卖了世界上第三大蓝宝石，其售价高达 1 300 万美元。据介绍，无论从尺寸还是从颜色上看，这颗来自斯里兰卡的蓝宝石都称得上是稀世珍宝。这也是流入私人收藏家手中的最大的蓝宝石，其收藏价值非常高。这颗重达 478.68ct 的蓝宝石曾是罗马尼亚费迪南德国王送给玛利亚王后的礼物。玛利亚王后曾在 1922 年费迪南德国王的加冕大礼时佩戴过镶有这枚蓝宝石的项链，但 1947 年她的孙子迈克尔国王被迫流亡，将项链卖给了收藏家哈里·温斯顿。2004 年 5 月 12 日，克里斯蒂拍卖行在瑞士日内瓦的媒体预展会上展示了世界上最大的切割蓝宝石——“东方蓝巨人”，这枚蓝宝石成矩形，源自克什米尔地区，重达 486.52ct，是全球珠宝中的稀世珍品。5 月 19 日，克里斯蒂拍卖行在日内瓦举行大型的拍卖会，这粒蓝宝石的估价为 100万～150 万美元。2007 年佳士得拍卖的一对缅甸蓝宝石耳环，估价 390 万～600 万港元。2009 年蓝宝石的拍卖精品数量较多，其拍卖价格呈现出节节攀升的状况。比如该次苏富比秋拍会上，18.08ct 的克什米尔蓝宝石镶钻指环就以高价 1 170 万港元成交，刷新了克什米尔蓝宝石的亚洲拍卖纪录。在 2009 年佳

蓝宝石“东方蓝巨人”

缅甸蓝宝石耳环

蓝宝石镶钻指环

蓝宝石

士得香港秋拍会上，一枚镶有克什米尔蓝宝石的戒指，总价值达240万美元，所镶的克什米尔蓝宝石每克拉约为14.4万美元，这又刷新了世界蓝宝石拍卖最高纪录。

2011年香港佳士得春拍，14.84ct和13.37ct枕形克什米尔天然蓝宝石及钻石耳坠，拍卖估价260万～380万美元。2011年4月苏富比拍卖的重29.2ct之缅甸天然蓝宝石镶钻指环，估价320万～470万港元；一对分别重9.1ct和8.56ct的缅甸天然蓝宝石镶钻耳环，蓝宝石为纯天然且未经人工加热处理之珍宝，色彩亦被评为缅甸蓝宝石中极品的“皇室蓝色”（Royal Blue），极具皇室气质。估价19万～23万美元，成交价23.4万美元。伦敦卡地亚（Cartier）出品的克什米尔蓝宝石镶钻别针，估价40万～48万港元，中央为重3.04ct的六边形天然未经加工的蓝宝石，周围由其他约重7.5ct的蓝宝石簇拥着，呈现卡地亚于装饰艺术时代出品之精髓。

蓝宝石的化学成份是Al_2O_3，属于六方晶系，晶体多呈短粗六方双锥体或桶状。硬度为9，断口呈贝壳状，相对密度3.99～4.1，蓝宝石折光率1.762～1.77，色散0.018，韧度极好。透明或不透明蓝宝石均有，光泽为玻璃光泽或金刚光泽，有的蓝宝石具星光效应。蓝宝石中还有锆石、尖晶石、云母、赤铁矿、石榴石、金红石等包体，有时还见有气液包体，呈指纹状分布，很明显的六边形生长线和条带在蓝宝石中很常见。

天然蓝宝石及钻石耳坠

蓝宝石不易熔化，如果加热过高，则会永远失去颜色。蓝宝石的颜色变化与混入微量的过渡性元素有关系。黄色蓝宝石含镍(Ni)，金黄色蓝宝石是一种珍贵的宝石，价格比较昂贵，这种黄色蓝宝石在斯里兰卡、我国山东昌乐均有出产。绿色蓝宝石含铁(Fe^{3+})和铬(Cr^{3+})，产自澳大利亚。也有含铬离子的浅绿色蓝宝石，有人称之为“东方祖母绿”，但这种宝石十分稀罕。褐色蓝宝石含锰(Mn)或铁(Fe^{3+})，透

绿色蓝宝石戒面

明的褐色蓝宝石非常罕见，一般不透明，但多有丝绢光泽，能琢磨出星光。真正的蓝色蓝宝石含铁(Fe)和钛(Ti)，翠绿色蓝宝石含钒(V)，紫色蓝宝石含钒(V)或铬(Cr^{3+})，蓝宝石颜色多种多样，以鲜艳蓝色为佳，颜色要求纯正、均匀。颜色不正、色杂，价格就大大降低。有的蓝宝石还有星光效应，通常出现六射星光，也有十二射星光，后者较为稀罕。蓝宝石评价主要是颜色、质地和粒度。

蓝宝石的最佳色调当数克什米尔的紫蓝色蓝宝石，也称为矢车菊蓝色，这种紫蓝色蓝宝石不甚透明，但与其他蓝宝石比较更具光彩。斯里兰卡的浅蓝色蓝宝石、缅甸的微紫蓝色蓝宝石，均称得上是蓝宝石的优等品。因为它们颜色纯正、艳美，色度适中。

评价蓝宝石的颜色，首先要看颜色是否美丽悦目，让人喜欢，色度不能太深而发黑，也不能太浅而无色或发灰，色度要适中，颜色深了需作减色处理，颜色浅了则需作加色处理。目前，这些优化处理方法已取得很大成功，可永保处理后的颜色不变。这些方法也得到珠宝界和消费者的承认，使原来低价或不好的蓝宝石升值。此外，颜色纯正也很重要，蓝色就是纯正蓝色，黄色就应是黄色，不能蓝不蓝、黄不黄地混在一起，否则就将降级。颜色是否均一、有没有生长线也是评价因素，通常蓝宝石都有颜色深浅不一的平直条带，这种条带越多，质量就越差，故而应尽量选择生长线少而且不明显的蓝宝石。总之，蓝宝石的颜色以中至深色调的淡紫蓝色，也就是所谓的矢车菊蓝色为最佳。黄颜色的蓝宝石也有较高的商品价值，是蓝宝石种类中的珍贵

蓝宝石镶钻耳环

刚玉（蓝宝石）晶体标本

黄色、蓝色蓝宝石

品种，其中以金黄色蓝宝石为最佳。因为这种宝石在阳光下金光闪闪，出“火”极佳，十分惹人喜欢，但一定要颜色均一，不能有其他杂色混入，否则将大大降价。绿色蓝宝石也是蓝宝石中的佳品，具有较高的商业价值。

能磨刻面的蓝宝石一定要透明度好，少裂纹和包体。蓝宝石透明度好，反射光的能力就强，漂亮的琢磨工艺能使其烁烁闪光。裂纹多是透明宝石的重大缺陷，通常不能琢磨成刻面宝石，甚至不能用来作为宝石。晶体里包体太多也将直接影响透明度，使人感到宝石灰暗不闪光，像这种情况的宝石最好琢磨成素面型戒面。另外蓝宝石琢磨比例不适中也将影响其反射能力，刻面角度不合适就会出现漏光或不能反射光，抛光不好也将遮盖蓝宝石的光彩。当然，大多数蓝宝石都有不同程度的毛病，比如含有微量包体或有微少裂纹等，俗话说“十宝九裂”就是这个意思。优质刻面蓝宝石应该在 10 倍放大镜下观察无明显包体和裂纹，而且要透明度好。星光蓝宝石多数是不透明或半透明，若是蓝宝石星线完整而清晰，透明度又好，则十分稀罕了，其价值将大幅上升。

矢车菊蓝宝石

粒度大的蓝宝石比红宝石要多，据记载最大的蓝宝石重达 19kg，产自斯里兰卡。然而市场上的蓝宝石一般在 1～5ct 左右，10ct 以上的蓝宝石也不少。但是，粒度大、透明、颜色好的蓝宝石就不多了。山东蓝宝石可达数十克拉重，然而其颜色太深，发黑，即使褪色处理后仍是不透明，所以往往琢磨成 1～5ct 左右，才能透明，反射出“火”。缅甸、泰国、斯里兰卡蓝宝石颜色艳蓝，粒度多在 1～2ct 左右。大的就稀罕了，其价值是很高的。一般说来，同等级别的蓝宝石，粒度越大越贵。

收藏蓝宝石一是要选择真品，与蓝宝石相似的宝石有蓝色碧玺、蓝色尖晶石、堇青石、蓝锥矿、坦桑石、蓝晶石等，还有人造蓝宝石、人造蓝色玻璃。由于蓝宝石硬度较高、密度较大，比较容易与其他蓝

星光蓝宝石戒指

色宝石区分。人造蓝宝石与天然蓝宝石成分相近，但天然蓝宝石的生长线是明显标志。

二是要选择好的蓝宝石品种，例如具有矢车菊蓝色的克什米尔蓝宝石、优质的斯里兰卡蓝宝石等，一定要选择色泽湛蓝亮丽而均匀分布的蓝宝石。

三是要尽量选择质地透明、无裂纹、无明显包体(星光蓝宝石例外）的蓝宝石；蓝宝石粒度要大，琢磨要精细，角度大小要精确，比例要适中。真正无瑕的天然蓝宝石不多见，在评价蓝宝石的这些因素时要综合考虑。

收藏星光蓝宝石也应考虑颜色，以醒目蓝色为最佳，再者星光要完整、清晰、不断线，位居凸面中心，让人感到星光来自宝石内部。宝石表面不应有裂纹和生长线，颜色要均匀。在保证星光完整清晰的前提下，蓝宝石越透明越好。

蓝宝石套饰

墨水蓝蓝宝石戒面

蓝宝石钻石项链

碧　玺

在人们心目中，碧玺属于中档宝石，价值不是特别昂贵。几年前，2～3ct、质地很好的桃红色碧玺也就几百块一克拉。一些清代碧玺饰品价值也不高，例如，2005 年佳士得香港公司秋季拍卖会上拍卖了一件红色碧玺印玺，成交价 19.08 万元。2006 年佳士得香港公司春季拍卖会上拍卖的一件清 18～19 世纪碧玺手串，估价为港币 20 万～40 万元。同年，上海嘉泰拍卖了一件碧玺十八子手串，当时成交价仅 3.5 万元。该手串翠质结球 4 个，佛手系丝，下坠翡翠椭圆结牌，两端各嵌冬珠一颗，牌下坠腰圆坠角 2 个，坠角上有小珍珠 3 颗，米珊瑚 5 颗。然而，现在碧玺数千元、甚至上万元一克拉也不稀罕。据有关资料，最近几年的市场行情表明，国际市场上碧玺的原料价格一直在上调，从 2004 年底到 2005年底，一年多涨了差不多 12 倍。现在与几年前相比，中高档碧玺的价格涨了近 80 倍。色好，特别是玫瑰红的优质碧玺价格更是上涨了近 100 倍。由此引发碧玺精品的拍卖、收藏势头节节攀升，高档碧玺价值更是高得惊人。2008 年 11 月的嘉德拍卖会上，一件蓝碧玺云蝠纹坠露面，呈现浅天蓝色，晶莹剔透，光洁亮丽，碧玺上雕螭龙钮，其坠一侧雕蝙蝠、祥云、灵芝、小螭龙等物象，拍卖估价为 1.5 万～2.5 万元，成交价达到 4.4 万元。同年的香港佳士得拍卖会上，一件粉红色碧玺雕刻品，上刻黄色碧玺蝉、绿色翡翠猴，成交价达到了 47.1 万港元。2008 年 6 月中国嘉德的一次拍卖会上，一件长 3.6cm、宽 2.5cm、高 4.5cm 的天青碧玺螭钮印章，其天青色色彩喜人，雕琢得光亮润泽，巧雕双螭衔灵芝钮，双螭首尾相向，口衔灵芝，生动形

清代碧玺手串

清代红色碧玺印玺

清代碧玺十八子手串

象。拍卖价高出估价 10 倍，成交价达到 17.6 万元。2010 年现代知名设计师西琳娜最得意的设计作品之一，即著名的 Macumba 碧玺项链，共使用了 24 块色彩斑斓的巴西碧玺，耗时三年完成。项链以 18K 黄金完整镶嵌了没有进行任何打磨加工的整块宝石，最大程度地保留了碧玺原石的形状，这不仅使项链更有立体感，而且动感十足，是设计与工艺的完美结合。这条项链售价达到 65 万人民币。2011 年 4 月，在澳门 ENZO 皇宫旗舰店上演了一场华丽非凡的珠宝大秀，秀场上几条价值千万的帕拉依巴碧玺最为引人注目，其中被称为“帕拉依巴之王”，现价超过 2 500 万人民币的一条帕拉依巴钻石项链，在过去一年中价格狂飙 500 万。

我国对碧玺认识的时间仅有几百年，然而在清朝碧玺成为官宦人家的挚爱，更是权贵追逐的热门宝石。在清朝时，碧玺是一品、二品官员的顶戴花翎材料之一，也被用来制作他们佩戴的朝珠。尤其在慈禧太后时代，碧玺在中国受到了前所未有的重视。据说，慈禧太后的殉葬品中，有一朵由整颗碧玺雕琢而成的莲花，重量为 36 两 8 钱，市价约为 75 万两白银。清朝末年的一两银子约合人民币 200 元左右，75 万两白银就折合约 1.5 亿人民币，而清政府在当时的全年财政收入还不到 1 000 万两白银。

一般情况下，10ct 以上的碧玺可以保证其稀有性。颜色方面，如果是绿色碧玺，最好选择通透的草绿色或蓝绿色，因为绿碧玺颜色太深就会发黑，影响宝石的美观和通透；红碧玺一定要选择非常正的红色，带一点黄、棕或浅粉的红碧玺价格就会差很多；蓝碧玺本身非常

天青色碧玺印玺

Macumba 碧玺项链

ENZO 帕拉依巴碧玺

绿色碧玺

蓝绿色碧玺晶体

红碧玺戒指

稀有，价格也大大高于其他的碧玺种类，如果你购入一颗 10ct 以上的蓝碧玺，肯定不用担心以后如何出手；至于帕拉依巴碧玺，更是不用多说，如果财力可以达到，那么就不要有丝毫的迟疑，因为帕拉依巴碧玺是每天都在涨价，也是濒于绝迹的无价之宝。

帕拉依巴碧玺是碧玺中最名贵的一种，每克拉的售价可以达到数万美元。这种无比珍贵的宝石具有特殊霓红蓝绿色调。宝石首度在 1989 年于巴西帕拉依巴（Paraiba）州的小村落 Sao Jose de Batalha 发现，因此得名。目前巴西的矿源已经枯竭了，直到 2000 年在非洲的莫桑比克重新发现了帕拉依巴矿区。但对于一些持产地主义观点的宝石商和收藏者来说，巴西帕拉依巴地区所出产的碧玺，才是唯一可被称为帕拉依巴的宝石。帕拉依巴碧玺为何如此昂贵？首先，蓝色碧玺本身就是碧玺家族中昂贵和顶级的一种；其次，帕拉依巴碧玺中含有一种特殊的铜元素，这种铜元素让宝石在黄灯下产生荧光效应，所以帕拉依巴碧玺有蓝绿色的效果呈现，非常迷人。再加上其产量极其稀少，因此目前价格十分昂贵。除上述原因外，帕拉依巴碧玺几乎总是很小颗粒的，因为在巴西帕拉依巴山丘所发现的晶体几乎都是未成颗的碎片，大颗粒又未破碎且重达 5g 的原石晶体是很稀少的，而重量达到 20g 以上的，更是少之又少。据说，最近在巴西距旧矿约 40km 的北里奥格兰德之 Parelhas 又发

红碧玺项链

帕拉依巴蓝色碧玺戒指

西瓜碧玺晶体

现新的帕拉依巴碧玺矿。在市场争相抢购下，价格还在飙升。

碧玺的矿物名称为电气石，是一种以含硼为特征的复杂的硼硅酸盐，按成分可分为三个系列：锂电气石、镁电气石和铁电气石系列。前两个系列常可出现宝石品种，而后者因色黑，基本不能称作宝石。晶体形态呈三方柱状，柱面上发育纵纹，横断面呈弧面三角形。集合体呈放射状、束状，可作为很好的观赏石。碧玺的颜色较为丰富，包括光谱色中的各种颜色，并且深浅、浓度不一，常见粉红色、绿色、深蓝色、天蓝色、褐色和黑色等。富铁碧玺呈暗绿、深蓝、褐色或黑色，高镁碧玺常为黄色或褐色，高锂碧玺呈玫瑰红色或淡蓝色。高铬碧玺常呈深绿色，并且色带发育，晶体沿 C 轴由中心到边缘呈不同色带，如西瓜碧玺；亦可垂直于 C 轴呈平行色带，如双色或三色碧玺。且常见双色分带共生的现象，其分带可与晶体底面平行，也可以形成平行柱面的环带。碧玺呈透明—半透明—不透明状，玻璃光泽。光性特征：一轴晶，负光性。无解理，贝壳状断口，摩氏硬度 7～8，相对密度 3.06，折光率 1.624～1.644，双折光率通常 0.02。因此，较容易观察到碧玺戒面后刻面棱重影。红色、绿色碧玺常含不规则的线状气液包体，或单独出现或交织成松散的网状，尤其是绿色碧玺，可包含稠密的平行直条状纤维体或空细管，可显猫眼宝光效应，但是由于管状包体很粗，猫眼效应通常较差。

碧玺的评价要考虑颜色、净度、透明度、粒度、切工等方面因素。

颜色

在单一的色种中，以大红、玫瑰红、绿色和天蓝色为最佳，粉红和黄色次之，无色最次；色彩越多越好（如双色碧玺、三色碧玺等）。好的绿色碧玺亮度越好，说明它所含的黄或棕色成分越低，在日光下的颜色就越好；红色碧玺所含橙色或棕色成分越少，在人工光源下，颜色更明显。有的碧玺中有很多细缝或针状包体，如果切磨成素面，

可看到猫眼效应，以绿颜色的碧玺居多。如碧玺出现猫眼效应，其价值会有所增高，但主要仍决定于颜色及大小，评价关键在于颜色应鲜艳，透明度高。碧玺还有变色品种，但变色明显的碧玺很稀少，成为收藏家的目标。

净度

碧玺净度尽量要高，也就是要求其内部瑕疵尽量少，晶莹无瑕的碧玺价格最高，含有许多裂隙和气液包体的碧玺通常用作玉雕材料。没有裂纹是最好的，但碧玺没有裂纹是极为难得的。目前，市场上一般碧玺饰品多经过灌胶优化处理，目的就是让瑕疵多的碧玺更加透亮，宝石更加坚固。这种优化处理的碧玺不影响装饰佩戴，但其价值相对要低，最好不要作为收藏品。

透明度

透明度是评价碧玺的重要指标。收藏碧玺尽量选择晶莹剔透的。越透明质量越好，不要有明显雾感或不透明。碧玺越透明价值越高。

粒度

碧玺粒度当然是越大越好了，同等质量，粒度越大，价格越高，甚至价值成倍增长。

切工

碧玺需要切磨，有的需要雕琢。收藏碧玺宝石戒面，切工最好要规整，比例对称，抛光好，加工的精细程度越高，价值越高。而对于碧玺雕刻品，因为其硬度很高，质地较脆，下刀时很容易破裂，会影响价值。选择雕刻碧玺时要注意其加工雕刻技艺是否精湛，有没有雕琢出现的瑕疵和败笔，这将严重影响碧玺雕件的价值。同一宝石类型，因雕刻技艺不同，价值相差甚远。

有专家将碧玺划分了五个等级，即 1A、2A、3A、4A 和 5A。

猫眼碧玺项链

绿色碧玺挂件

1A 为普通碧玺，色很淡，不透明，无雕工，裂纹重；2A、3A 为中高档碧玺，有色，色较浓，较透明，无雕工，裂纹较少；4A 为收藏宝石级碧玺，色浓或多色，透明，有雕工，基本没有裂纹；5A 级碧玺是可以达到和猫眼、蓝宝石、红宝石齐名的宝石，其价值相当昂贵。

总之，收藏碧玺一是要选择真品。与红色碧玺相似的宝石有红宝石、红色尖晶石、锂辉石、淡红色黄玉、红色绿柱石、淡紫色水晶等；与绿色碧玺相似的宝石有透辉石、祖母绿、绿色绿柱石；与蓝色碧玺相似的宝石有蓝色尖晶石。碧玺与其区别是：碧玺的棱角处有明显双影，气液包体和裂隙较多，二色性强，这是鉴别碧玺的一个极其重要特征；另外，透明度好，其密度和折光率均有较大差异，双折光率大。鉴别它们的最可靠方法是测密度和折光率。

二是要注意选择天然的高档碧玺，优化处理的宝石价值会大打折扣，甚至无收藏价值。

三是要选择高档优质品种，如帕拉依巴碧玺、双桃红碧玺等。碧玺以红色、蓝色、绿色较为名贵。在选择镶嵌碧玺首饰中，以红色、蓝色、绿色为好，要求颜色均匀艳丽；在项链和手链中则以颜色丰富为佳，每粒珠子的颜色可以不同，搭配出红、黄、蓝、绿、紫等多种色彩。双色碧玺或多色碧玺，以及内红外绿的西瓜碧玺也较为珍贵。猫眼碧

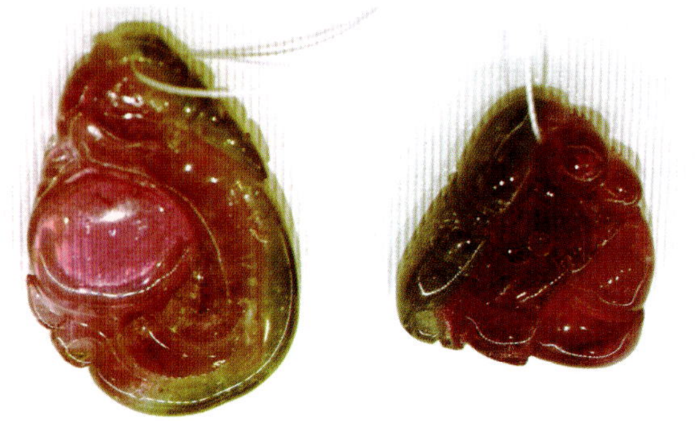

西瓜碧玺雕件

玺属于碧玺中的上品。

四是要选择晶莹剔透、无瑕疵的高档碧玺。越透明质量越好，不要有明显雾感或不透明。碧玺性质比较脆，容易产生裂隙，同时内部会含有大量包体。大量的裂隙和包体的存在，会影响碧玺的透明度、颜色和火彩。内部十分纯净的碧玺比较难得，属于上品。碧玺的色泽越干净，收藏价值就越高。

目前市场上常见清代碧玺饰品出售，可选择质地不错、雕刻工艺精湛的碧玺物件，具有较高收藏价值。

碧玺手串

清代天蓝色碧玺带扣

清代红碧玺石印章

有机宝石

红珊瑚

红珊瑚历来为人们喜欢，也是收藏投资的重要品种。红珊瑚是一个总称，色彩艳丽、质地细密、骨质坚韧的红色色系的珊瑚都属于红珊瑚，其颜色可呈红色、粉色、橙黄色等，其中以红色最为名贵，也称“贵珊瑚”。红珊瑚生长速度极为缓慢，据资料显示：红珊瑚虫需生长 10～12 年才能繁殖后代，珊瑚虫群体一般每年生长不超过 1cm，成活 7 年以上其主干也不足 1cm 粗，故有“千年珊瑚万年红，万年珊瑚赛黄金”之说。红珊瑚资源正在逐渐枯竭，价格高涨是不可避免的。人们认识到珍珠可以养殖得到、象牙可以通过大象饲养得到，然而红珊瑚采完了，千年内难以再生。

拍卖市场上，珊瑚饰品的大小往往是决定其价格的最为重要的因素之一。2000 年的香港佳士得春季拍卖会上，一件大型的清代珊瑚雕夔凤摆件的成交价超过了 37 万元。另一件大型的清代珊瑚雕人物摆件则在 2007 年的拍卖会上拍出 57.2 万元。2007 年诚铭拍卖会上，一件红珊瑚圆珠项链也是近年来大陆拍场上不多见的珠宝珍品，这套项链总长度为 22 寸，重 106g，由 48 粒珊瑚珠串连而成，珊瑚珠的最小直径为 9mm，最大直径为 17mm，拍卖估价 65 万～85 万元。

2008 年浙江保利拍卖了一件红珊瑚摆件，高 28cm、宽 38cm。这件红珊瑚红白相间、品相完美、自然而成，似一枝铁骨寒梅，是一件难得的珊瑚珍品，拍卖价 15.27 万元港币。2009 年，珊瑚受到市场人

台湾红珊瑚树

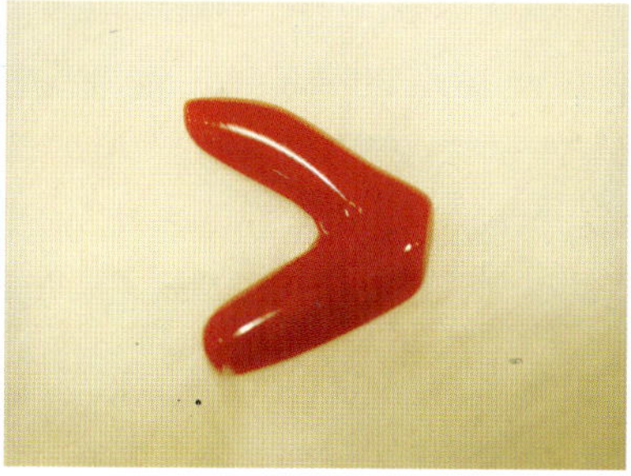
红珊瑚枝

清代珊瑚雕人物摆件

红珊瑚项链

士的追捧。业内人士认为，由于红珊瑚采掘数量越来越少，珊瑚摆件的未来升值潜力值得期待。在纽约某国际拍卖行的古董拍卖会上，中国晚清制造的珊瑚烟斗与珊瑚首饰盒以 3.6 万美元与 7 万美元的高价成交。同年，上海博海拍卖一件红珊瑚观音，观音面目清秀、神态安详，发丝细腻，衣胫线条流畅，拍卖价 9～10 万元。

市场上，珊瑚的销售价格被拉得很开，完整纯天然的珊瑚摆件价格高昂，珊瑚首饰或不完整的染色珊瑚价格低廉，而即使是天然珊瑚，普通品与高档品之间的价格也可相差好几倍。完整纯天然珊瑚并不多，价格在 5 000 元～20 万元这个区间。大小、颜色、品相、工艺都是决定珊瑚价值的重要标准。颜色越深的珊瑚价格越高，天然大红珊瑚的价格一般是天然淡红珊瑚的 2～4 倍，上好的深红色珊瑚价格又是一般大红珊瑚的 2～5 倍。

红珊瑚生长周期很长，产量稀少，大颗宝石级红珊瑚注定成为专业收藏家的终极目标，在各大拍卖会上拍出高价，受到越来越多收藏爱好者的追捧。从 2010 年年底至今，红珊瑚简直涨疯了，40%～60%的涨幅相当于之前整两年的涨幅。2011 年，日本地震之后，不少人担心地震会影响红珊瑚产量，因此心理价格不断提高。红珊瑚成为 2011 年升值最迅速的收藏品种之一，顶级红珊瑚的价格甚至涨了一倍。

红珊瑚分顶级 AKA 级、普通 A 级和普通 MOMO级。在不到一年的时间里，最顶级 AKA 级红珊瑚价格每克从6 000～8 000 元，涨到了 18 000～20 000 元；普通 A 级从去年的 2 000～3 000 元，涨到了现在的 6 000～8 000 元；普通 MOMO 级也从去年的 800元，涨到了现在的 1 000 元以上。目前，一条直径 1cm 左右的 AKA 红珊瑚珠链，价格都

红珊瑚珠链

红珊瑚珠链

红珊瑚珠链（阿卡红）

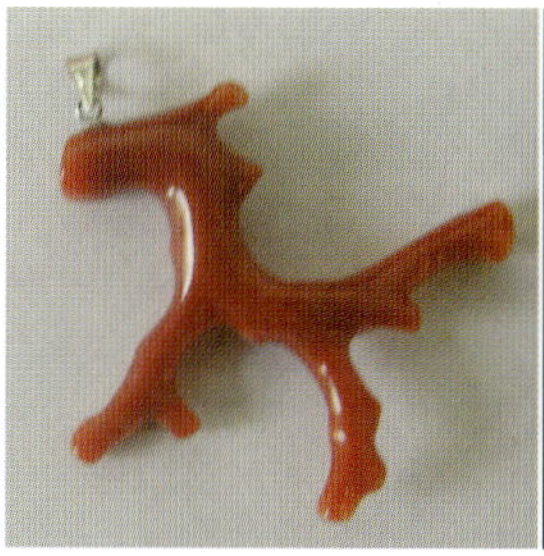

珊瑚吊坠（沙丁红）

红珊瑚项链

在10万～20万元左右，这还不是极品红珊瑚。

珊瑚生长在海中，像树枝又像花，很久以来，一直被误认为是一种海生植物。直到20世纪20年代才发现珊瑚不是植物，而是一种腔肠动物——海生珊瑚虫分泌的碳酸钙骨骼。珊瑚虫非常细小，成千上万地生长在一起，吸取海水中的碳酸钙组成它们共同的骨骼，固定在海底。珊瑚的品种极其繁多，品质也各异。红珊瑚属于八射珊瑚。红珊瑚的骨骼呈树枝状复体。每个分枝中心都有一根角质的骨骼中轴，软体包围在骨骼外面，许多珊瑚虫围绕着轴生长。红珊瑚虫的软体有中胶层和内胚层、外胚层两层细胞。红珊瑚就是通过外胚层分泌形成骨骼。

红珊瑚主要由无机质和有机质两部分组成。其中无机质为高镁方解石、少量磷灰石、$CaCO_3$、$MgCO_3$、少量H_2O、FeO、$Ca_4(PO_4)_5(OH)_2$等，有机质以角质为主。红珊瑚主要结构特征是其具有波形平行纤维构造，也就是沿珊瑚枝纵向有颜色深浅或不同透明度形成的连续的波形平行纤维构造。横切面呈同心纹，颇像树木年轮。枝上有许多圆形小坑，是珊瑚虫穴居的地方。其物理化学性质表现为颜色似深红、火红为主，还有桃红。外形呈树枝状。骨骼致密坚韧。玻璃光泽，摩氏硬度3.5～4，相对密度2.6～2.7，折光率1.49～1.66。浅海珊瑚软些，深海珊瑚硬些。不透明—半透明。原料光泽暗，抛光后为蜡状光泽，不耐酸，不耐有机溶剂和

活珊瑚

红珊瑚树枝

白珊瑚盆景（清）

挥发性气体。

红珊瑚是许多珊瑚中的一种，属贵重珊瑚，颜色有火红、桃红、粉红、粉白、纯白五类，珊瑚的颜色是由内而外的，珊瑚柱越接近表层的地方颜色越深，越里层颜色越浅。珊瑚死后被碳酸钙物质逐渐代替，这个过程叫钙化。在钙化过程中珊瑚吸附了海水中的各种元素，如果吸附的元素以铁为主，珊瑚的颜色则为红色；如果吸附的元素以镁为主，以及少许铁质，那么珊瑚玉石的颜色就会是粉红的或是粉白色的；如果吸附的元素以镁为主，几乎没有其他杂质，那么珊瑚玉石的颜色可能是白色的，深海中纯白色的珊瑚也是难得的珍品。

红珊瑚颜色、块度、光泽、净度及雕工是收藏投资的依据。红珊瑚颜色美丽、鲜艳、均匀而纯正，则价值就高。质量越好，光泽越润，块度越大，瑕疵越小，造型越坚实奇异，其价值越高。

A 级沙丁红珊瑚枝

在珠宝业界认定的宝石级的红珊瑚，它们的色彩有 AKA 红（常说的台湾深红阿卡或大红阿卡，最高级别）、沙丁红（稍逊于阿卡）、MOMO 红（稍浅于阿卡红，为桃红或橙红等）、ANGEL SKIN 粉红（常说的孩儿面）、粉白（也称深水珊瑚）、白色（表层需有玻璃光泽或蜡状光泽，区别于普通珊瑚石）。单就色彩来说价格上有一个几乎不变的定律（价格由高到低）：AKA（阿卡）红 > 沙丁红 >MOMO（莫莫）红 >ANGEL SKIN 粉红 > 粉白 > 白色。

珊瑚坠（婴儿红）

红珊瑚有自然精细斜横纹理，每一件珊瑚都不相同。纵看：珊瑚纵向有平行的生长纹，方向为平行珊瑚柱体。如果是戒

红珊瑚雕件

面，生长纹一般在背面；如果是雕刻件，表面上就能看到。横看：珊瑚的横截面上有像年轮一样的生长纹，由小及大，呈同心圆状，一般在珊瑚摆件上可以见到。珊瑚纹与人的手指纹相似，这是辨别真伪珊瑚的重要依据。红珊瑚表层有钙质，常显现玻璃光泽至蜡状光泽。红珊瑚有自然瑕疵，如小白点、小黑点、小斑点，都很正常。此外，红珊瑚光泽艳丽自然、温润可人、晶莹剔透、千娇百媚。

收藏红珊瑚首先要选择颜色、质地、块度大的真品。假冒红珊瑚没有收藏价值。例如，有的所谓红珊瑚是利用海柳、海竹仿制成的珊瑚饰品；有的是质地疏松的浅海树枝状造礁珊瑚用注胶方式填充染色而成；还有的是人造珊瑚染色，就是用各种贝类或造礁珊瑚研磨成粉末，塑注成各样珊瑚形状；还有塑料染色珊瑚，就是用塑料制品染色成假珊瑚。

收藏树枝状红珊瑚要求完整性、天然性，同时体积大小是决定红珊瑚价格高低的最重要依据。随着珊瑚体积的增长，其价格呈现出几何级数的递增趋势。几年前，一株高 15cm、宽 20cm 的天然大红珊瑚，价格一般一两万元就可以买到，而一株高 30cm、宽 40cm 的大红珊瑚，可以卖到 10 万元以上。现在这类红珊瑚的价格已经翻番了。并且，近年一些高达 2 尺以上的红珊瑚树很稀罕了，像这种红珊瑚就有收藏价值，未来还有相当的升值空间。从外观上看，红珊瑚的红也分很多层次，有深红、桃红、粉红等色，颜色越深的越名贵。珊瑚越红，密度越高，体形越大越好。整棵的红珊瑚树前几年还时有所见，现在已可遇而不可求。颜色好、有些年份的摆件，只能在艺术品拍卖会上露面，一些优质红珊瑚戒面尽管颗粒不大，但也价值不菲。选择收藏雕刻红珊瑚要求其造型美丽，雕工精湛。一件珊瑚雕刻艺术品，其在创作时所面临的难度挑战绝不亚于任何其他艺术作品。每件珊瑚的形状都是不同的，都要经过工匠们精心设计，巧妙构思，精雕细琢后，才能成为一件艺术品，所以每件珊瑚作品都是独一无二的，具有唯一性。雕刻名家创作的红珊瑚雕件，其价值肯定比一般雕工的价值高得多。

有人认为红珊瑚与珍珠十分相似，其构成成分因性质原因不适合长年存放。其实红珊瑚和珍珠一样，只要保养得当，寿命可以延长。一些历史流传下来的红珊瑚、珍珠存放了几百年仍然保持完好。故宫博物院收藏的清代红珊瑚摆件已有几百年历史了，仍然保存得很完好。目前，由于各国的环境保护政策，现在可被采掘的珊瑚数量越来越少，因此珊瑚未来的升值空间还很大。

台湾珊瑚

红珊瑚雕件

红珊瑚盆景（清）

琥　珀

清中期双色琥珀鼻烟壶

1986 年后，随着台湾地区的宗教文物市场盛行，琥珀开始在台湾、香港、新加坡、日本等地区流行，收藏者日益增加，价格因此一路上涨。近几年来不少欧美琥珀收藏爱好者也争相加入收购的队伍，促使琥珀再次成为艺术品市场中的“新宠儿”。前几年海湾战争爆发，全球古玩市场中琥珀艺术品收藏却一枝独秀，价格不跌反涨，原因是琥珀属古代化石，资源日渐枯竭，流传下来的极少。

1992 年在台湾举办的一次艺术品拍卖会

琥珀雕件

琥珀

琥珀手串

上，一条上等品相的琥珀佛珠，最后以 120 万元新台币的价格成交。2004 年 6 月，一件清初琥珀牡丹花形在北京翰海拍出了 41.8 万元人民币。2005 年 12 月，一件清中期双色琥珀松下人物鼻烟壶在北京翰海拍出 10.45 万元人民币。2006 年苏州东方拍卖一件清中期琥珀寿星摆件，高 10.5cm，拍卖价 8 万元。近年来，在东南亚拍卖市场上，一件 18 世纪琥珀雕佛狮小摆件以 2.76 万英镑（约 35 万元人民币）成交；一件清代晚期琥珀牛郎织女摆件以 28.6 万元人民币成交；一件 17 世纪琥珀太白酒像以 12.1 万港币成交。近些年，国内各类大型拍卖会上，一般清代的琥珀挂珠、手链等的成交价格基本上在 2 万～5 万元之间，略低于国际琥珀销售价。由于国内外琥珀成交价格的差异，东南亚各国的一些琥珀收藏者已开始关注并逐渐进入中国拍卖市场，国内琥珀艺术品收藏正渐入佳境。据称，目前世界琥珀市场每年交易额约 2 亿美元，国际性的市场主要集中在美国、加拿大、意大利、日本以及产琥珀的国家。天然琥珀近年来在国际市场上的价

琥珀太白酒像（清）

琥珀五鱼图鼻烟壶

蜜蜡雕件（清）

格节节攀升。自 2009 年以来，琥珀原料价格已经上涨了 50%～100%，而琥珀当中非常珍稀的绿珀、蓝珀等更是上涨了 20～30 倍。

我国古代以天然琥珀为材料的器物、装饰品并不少见，各种琥珀挂珠、琥珀鼻烟壶、琥珀手串、琥珀摆件、琥珀料胆瓶等成为达官贵族的装饰品和收藏品。在欧洲，琥珀艺术品曾是用来装点皇宫和议院的，成为高贵身份的象征。2007 年 3 月 22 日，一件日本丹山作琥珀五鱼图鼻烟壶在纽约佳士得拍卖中拍出了约 57.58 万元人民币的高价。2008 年嘉德拍卖的一条长 138cm 的清代朝珠，拍卖价 4.45 万港币。2009 年天津文物公司拍卖了一件清代琥珀雕福庆双喜纹烟壶，拍卖价 16.5 万元。2011 年北京保利拍卖的一件琥珀镂雕福寿图珮，拍卖价达 14.95 万元。2011 年深圳琥珀价格陡然上升 30%，由于收藏市场需求增加等因素，7 月份从波罗的海进口的琥珀价格更是较上月上涨了 50%。现在琥珀都是按克来卖，一般的琥珀价格大约在每克 120 元以上，而上等的琥珀，已卖到了每克 1 000 余元。

琥珀是碳、氢、氧组成的有机化合物，主要成分为琥珀脂酸、琥珀松香酸，另含少量琥珀油、H_2S 等。化学式 $C_{10}H_{16}O$，非晶质体，常呈结核状、瘤状、水滴状，产于煤层及其他沉积岩层中。硬度仅为 2～2.5，折光率为 1.54，相对密度 1.08 左右，在饱和盐水中可以悬浮，是已知宝石中最轻的品种。颜色有黄色—蜜黄色、黄棕色—棕色、浅红棕色、浅绿褐色。具典型的树脂光泽，透明—半透明，韧性较差，

琥珀镂雕福寿图珮

琥珀

蜜蜡手串

金珀手串

琥珀雕狮钮扁章

花珀手串

外力撞击时容易发生碎裂。琥珀是很好的绝缘体，摩擦带电现象明显。琥珀导热性差，用嘴唇触之有温感。加热至150℃时开始软化分解，250℃时发生熔融，产生白色蒸气，并发出松香味。琥珀易溶于H_2SO_4和热HNO_3，部分溶于酒精、汽油、乙醚。在阳光下暴晒或置于过分干燥的环境中，琥珀表面会因脱水而产生裂隙。

透明的称为琥珀，不透明的琥珀称为蜜蜡。蜜蜡呈不透明状或半透明状，因其“色如蜜，光如蜡”而得名，与琥珀的特征不尽相同。根据琥珀的不同颜色、特点划分，有金珀、血珀、虫珀、香珀、灵珀、石珀、花珀、水珀、明珀、蜜蜡、红松脂等品种。

黄色系的称为金珀；红色系称作血珀；蓝色系称为蓝珀；绿色系称为绿珀。琥珀因原来的天然矿石容易脆化，所以珠宝业界允许其可以经过一些处理，使其不易脆化。处理过程中会因温度使得琥珀内部的天然气泡产生变化，如膨胀或爆裂，从而形成不同形状的内部花纹，俗称“琥珀花”、“太阳光芒”或“睡莲叶”。

琥珀按其贵重程度依次为虫珀、金珀、血珀、灵珀、香珀、蜜蜡、水珀、石珀、花珀、明珀、蜡珀、翳珀、浊珀等。

虫珀：含各种昆虫和树叶等包体的琥珀。

金珀：淡金黄色，透明，晶莹如黄水晶，洁净无瑕。

血珀：深红色如鸡血。

灵珀：蜜黄色，透明。

香珀：有香味。

琥珀花

蜜蜡：受地热影响变为红橙色的老蜜蜡以及半透明的琥珀称为金绞蜜。其中，尤以含有完整昆虫或植物的琥珀为珍贵。天然深红色的血珀和极深色老蜜蜡是非常稀有的。多数情况会将新打磨的琥珀用热处理使其颜色变深，而大颗珠中气泡爆炸会产生美丽的金鳞片，从而增添其魅力。更有甚者，加热到一定程度，蜜蜡中的云雾被完全释放，而蜜蜡可以变成充满鳞片的金珀。琥珀珠正常情况下能出现深红或是深黄至褐色、棕色的颜色要 50 年，表皮深色的琥珀原矿，皮下可能还是浅色。多用来制作串珠、佛珠、雕刻品等。琥珀饰品应首选天然制品，与其他珠宝首饰一样，看其光泽，所谓“珠光宝气”，琥珀越通透质地越好，价值越高，还有琥珀体积越大价格越高。

收藏琥珀首先要选择优质真品，目前市场上琥珀假品较多，我们要特别注意区分。常见琥珀假品有再造琥珀，就是将天然琥珀碎粒（粉）加热融解，通常会添加亚麻仁油进行调色，然后高压压成一大块琥珀。还有人工合成的仿冒琥珀，就是采用电木及赛璐珞，甚至亚克力都常被用来仿冒琥珀。还有一种现代的天然树脂，因年代不够久远，而且未经几千万年地层的压力及热将树脂转化，因此不能称为琥珀。

琥珀收藏以虫珀为首，通常琥珀中都含有许多种类的动物、植物包裹物，其中以含昆虫者最好。首先，依据昆虫完整程度、清晰程度、形态大小、数量多少来决定虫珀的价值；其次，以颜色浓重者为佳，其中价值最高的是红色和绿色；再次，是块度，一般要求具有一定的块度，且越大越好。

琥珀手镯

琥珀观音

明末琥珀雕福寿双全水盂

琥珀透明度也很重要，要求洁净无裂纹，越透明越好，以晶莹剔透者为上品，半透明至微透明者为次品、劣品。

琥珀雕刻品要雕工精湛，造型端庄、题材适宜才值得收藏。

琥珀古玩也比较多，并不是所有古代琥珀雕件都是珍品。收藏古玩琥珀尽量选择有一定出处的优质雕刻艺术品，时代越是久远价值越高。

珍　珠

金黄色珍珠项链

自古以来珍珠不仅受爱美人士追捧，同时也为收藏者珍视，更是皇家珍爱的珠宝，其价格自然逐年上升。黑珍珠以其美丽和稀有而著称于世，拿破仑三世的妻子尤金尼对黑珍珠宠爱异常，从而使它一时风靡整个巴黎。尤金尼的由黑珍珠制作的一系列首饰在佳士得上拍卖，其中一串黑珍珠项链拍得 4 000 英镑。1997 年，一件由 152 颗黑珍珠组成的项链在佳士得秋拍上拍出了 91.3 万美元的高价。2000 年，另一件黑珍珠项链也在佳士得拍卖，这串项链是由直径 4.7～14.4mm 的黑珍珠组成，成交价达到 104.4 万美元。

近年来，珍珠的需求量翻了几番，珍珠消费一直呈上升趋势，价格也扶摇直上，尤其是古旧珍珠的价格，以极快的涨速吸引了众多收藏爱好者的注意。现在，普通古旧珍珠的价格每克已突破两百元大关，而且还在涨，用火爆来形容毫不为过。2004 年 3 月在香港举行的第 17 届 Robert Wan 大溪地珍珠拍卖会上，以平均每钱 57 美元的价格售出

黑色珍珠项链

南洋珍珠首饰

The Luna Pearl

21.05 万颗大溪地养殖珍珠，总销售额达 860 万美元。在 172 贯、合共 210 557 颗推出的珍珠中，共售出 88%。每颗珍珠的平均价格是 41 美元，较平均底价高出15%。

2005 年，伊丽·罗氏在北京曾展卖一串被视为镇店之宝的价值过千万的完美珍珠项链。这串项链由 27 颗外观匀称的南洋珍珠串成，最小的直径为 15.04mm，最大的直径 18.4mm，每一颗呈现淡粉色的光泽，在灯光的映衬下流光溢彩。2007 年佳士得拍卖的 The Luna Pearl 巨型珍珠，估价 400 万～600 万港元。2008 年北京华辰拍卖一条双串白色珍珠项链，92粒珍珠皮光紧实，粉红色晕彩丰富，配 18K 白色金镶钻石扣。珍珠直径 8.48～9.64mm，售价仅 1.5 万元，如今价格在 3 万～5 万元。

2009 年 7 月一件由香港设计名师 Mr. Jason 设计，名为“加冕”的珍珠项链在七彩云南商场展出。这条珍珠项链由七颗金色珍珠和 K 金、钻石镶嵌而成，所用的南洋珍珠颜色金黄，珠层厚，光泽明亮，表层无瑕，且直径达 16mm。一般 10mm 以上的珍珠就属稀有，更为难得的是，七颗金色珍珠的形状、颜色几乎一致，品级均属上乘，搭配和谐，同时获得七颗这样的珍珠可谓难上加难。项链还镶嵌了重达 51ct 的钻石，总价值 108 万元。

2010 年一串展示于世博园太平洋联合馆内的大溪地深海黑珍珠项链，由大溪地罗伯特温公司特别推荐，拍卖价格 70 万。它是由 35 颗直径在 11～11.9mm 的纯天然黑珍珠组成，每一颗黑珍珠的年龄都在 8～9 年左右。它们的大小非常接近，而且珍珠的等级都属于 A+ 级别，表面都非常圆润，光泽属上等品，稀有的玫瑰蓝使其更有收藏价值。深海黑

巴布亚湾珍珠套装

珍珠女神与南珠王

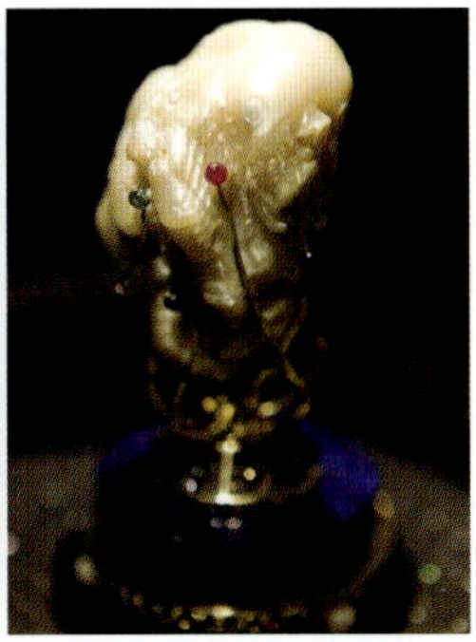

银灰色水滴状珍珠

天然珍珠钻石项链

金色珍珠项链

珍珠的特点之一是一个珍珠贝里面才产一颗，这35颗黑珍珠无论是大小、颜色、形状、质量、等级都非常接近，要串成项链就是要从几千甚至几万颗黑珍珠里面筛选，极其不易。

2010年9月第三届Gerdau珍珠拍卖会的成果十分喜人，拍卖总金额达到791万美元。100位参与的买家中有72位出价成功，购买了由110 028颗珍珠组成的211件拍卖品，珍珠平均价格同比增加15%。有一套巴布亚湾珍珠钻石套饰，包括项链、手链、吊坠及戒指，共镶有193颗天然珍珠、166颗钻石，其中128颗珍珠的总重量达325ct，66颗钻石的重量近160ct，价值2 000万美元。

2011年4月，在佳士得纽约拍卖会上，一条以68颗罕见天然珍珠串成的项链，珍珠直径9.47～16.04mm，卖出了近710万美元的天价，比过去纯天然珍珠项链创下的价格纪录还高两倍，堪称世界上最贵的一条珍珠项链。

上海世博会广西馆的镇馆之宝是一座名为“珍珠女神”的雕像，她头戴的皇冠由228颗南珠、1 880枚钻石和18K黄铂金镶嵌而成，上面的珍珠最小的直径6mm，最大的直径15mm，总价值为600万元。装扮整座雕像大约用了10kg珍珠。“珍珠女神”手心里的那颗珍珠，直径约有 25mm，是目前发现的中国最大的天然珍珠，号称“南珠王”，在射灯的照射下散发出迷人的光晕。这枚“南珠王”价值 200 万元，是 1990 年一名珠农偶然在北部湾海域发现的，一直存放在北海的南珠宫里。

佳士得拍卖行在 2011 年 4 月 20 日迪拜春季珠宝拍卖会上，一颗重约 60ct 的银灰色水滴状珍珠，拍卖估价为 25 万美元。同年，佳士得秋季拍卖会上，一条天然珍珠钻石项链拍卖估价 960万～1 500 万港币，成交价为 1 914 万港币。

世界珍珠价格每年都在快速增长，国内中高档珍珠价格较世界略低，收藏珍珠的机会依然存在。

珍珠是一种有机宝石，主要化学组分为 $CaCO_3$，其中有机质占 2.5%～7%，含有甘氨酸等 17 种氨基酸。珍珠是附生于天然淡水和海水软体动物贝壳中的产物。当砂粒、昆虫、气泡等外来物自然落入蚌内，外套膜受刺激后加快蠕动，并增加分泌珍珠质，企图排除异物。在蠕动过程中，外物与上皮细胞一起逐渐内陷到结缔组织内，形成珍珠囊，珍珠囊分泌珍珠质，沉积在外物上就形成了珍珠。只有珠母贝属的双壳类软体动物能分泌珍珠质，也只有贝壳内面有珍珠层的贝才能产珍珠。

在自然条件下贝类动物生长出的珍珠属于天然珍珠，而人工养护所生长出的珍珠称为养殖珍珠。珍珠中文石微晶呈薄层叠瓦状排列，反射光引起干涉使得光泽柔和而悦目，这是典型的珍珠光泽。珍珠硬度 2.5～4.5，相对密度 2.68～2.75，珍珠多为似珠体形状。珍珠呈半透明状，有银白色、粉红色、黄色、蓝色、古铜色和黑色等颜色。

珍珠不仅分天然珠和人工养殖珠，还分海水珠和淡水珠。海水珠就是在海产珠母贝类中形成的珍珠；淡水珠是在江、河、湖等淡水水域中珠蚌产的珍珠。珍珠还有有核和无核之分。无核养殖珍珠就是将幼贝的外套膜切成小片，插入到成年珠母贝的体内一定部位的结缔组织中，养育一段时间，形成珍珠囊，分泌珍珠质形成无核养殖珍珠。有核养殖珍珠就是珍珠内部有珠核，一般是将珠母贝的壳按一定大小切成小方块，磨成球形制成珠核。海水养殖珍珠大多数是有核养殖珍

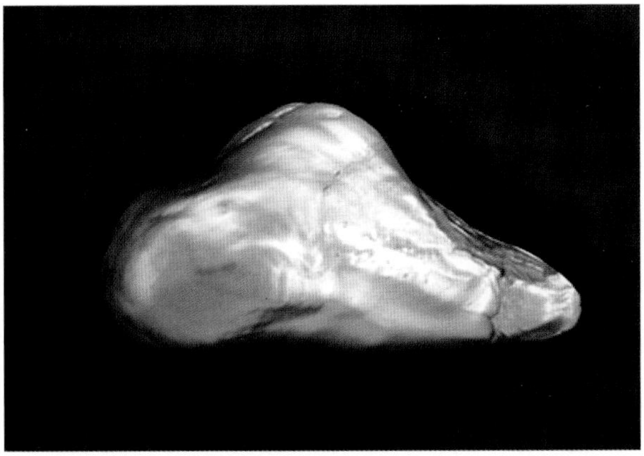

阿尔科·凡雷之珠

珠，淡水养殖珍珠大多数是无核养殖珍珠。

珍珠的产地比较多，根据产地不同有东珠、东方珍珠、澳洲珠、马纳尔珠、委内瑞拉珠、塔希提珠、南珠（又称合浦珠）等。

按颜色划分为白色系列、黑色系列、有色系列。白色系列以白色、奶油色、粉红色为主，白色和奶油色常有玫瑰色的伴色。黑色系列以紫色、绿色、蓝绿色、黑蓝色、黑色为主，并具有青铜色的金属伴色。有色系列以浅到中等的黄、绿、蓝、紫罗兰色调为主。

单粒珍珠价值受大小、颜色、光泽、形状、瑕疵等因素影响，而对于珠链饰品还要看珍珠珠链的匹配协调美观度。

珍珠的大小主要是指近似圆形的直径长度。一般来讲，在同一类别范围内，相对直径越大的珍珠越难得，每增大 1mm 珍珠的价值就会差别很大。南洋珠愈大愈稀有，而澳洲南洋珠是全球最大的。淡水珠的养殖周期通常为 2～4 年，而海水珠的养殖周期为 1～2 年。收获的季节一般选择在 10 月下旬—12 月下旬，这时的珍珠光泽较好。淡水珠直径多为 3～12mm，其中 8mm 以上的圆形珠仅占 1%；养殖的海水珠直径多为 5～7mm，部分可达 8～9mm，珍珠层厚度一般为 0.2～0.5mm。

珍珠体色有白色、奶油色、金色、金黄色、银色、粉红色、黑色、褐绿色、灰色等。珍珠常见白、金、黑三色，以白色系列最为常见。黑色系列是珍珠中的珍品。伴色主要有玫瑰色、绿色、银白色、古铜色、蓝色，其中以白色稍带玫瑰红色为最佳，粉红色和玫瑰色伴色可增加珍珠的价格，银白色伴色对价格无影响，绿色伴色则会降低珍珠的价格。目前以金色珍珠价值最高。观察珍珠的颜色应在白色的背景下进行，最好的光源是来自北部窗口的自然光。

珍珠具有独有的珍珠光泽,俗话说“珠光宝气”，说明珍珠的魅力主要体现在其光泽上。优质珍珠表面应具有均匀的强珍珠光泽，并带有彩虹般的变彩。珍珠光泽的强弱主要取决于珠层的厚度，珠层越厚光泽越强。一般认为，珍珠层厚度大于 0.5mm 为厚，0.35～0.5mm 为中等，0.25～0.35mm 为薄，小于 0.25mm 为很薄。一般珍珠层厚度至少大于 0.35mm，珍珠才能显示出很好的光泽。珠层越厚越好，太薄的珠不耐用，理想的珠层在半毫米以上。光泽越强，质量越佳。

珍珠形状多种多样，一般分为圆形、扁圆形、半异形（水滴形）和异形。俗话说“玉润珠圆”，价值最高的是浑圆的“走盘珠”（指在盘中会滚动不停）。异形珠若巧妙构思后，也可大大提高其价值。对串珠而言，应力求颗颗圆润光滑、匀称规则。浑圆无瑕的南洋珠最是稀有，亦最为珍贵。

珍珠往往存在瑕疵，瑕疵越少，珍珠的品质越佳。珍珠的表面瑕疵有隆起、线纹、污点、缺口、剥落、裂纹、划痕等。其中，破口和珍珠层剥落 对珍珠质量的影响最严重。瑕疵出现在比较隐蔽的位置时对珍珠质量的影响较小。没有瑕疵的珍珠极其稀有，非常昂贵。

珍珠价值影响因素最主要的四个方面是：

黑珍珠项链

光泽，占价格比重的 40%；

形状，占价格比重的 30%；

大小，占价格比重的 20%；

颜色，占价格比重的 10%。

收藏珍珠一是选择颗粒大的海水高档天然珍珠。天然珍珠稀少，采集极为不易，故价值

优质珍珠项链

大溪地黑珍珠

黑色珍珠项链

较高，极具收藏价值。

二是尽量选择珍珠表面具有均匀而强烈的珍珠光泽，并显现彩虹般晕彩，此类珍珠最为珍贵。

三是最好选择粉红色、金黄色、黑色等高贵色珍珠。人们多认为黑色系列、彩色系列是珍珠中的珍品。

四是选择滚圆形珍珠，价值最高的是所谓的“走盘珠”。

五是选择直径超过 1cm 的优质珠，珍珠颗粒越大，价值越高。

值得一提的是黑珍珠收藏，近年在欧美、日本以及香港地区都备受青睐的黑珍珠首饰，也逐步进入了内地的高档珠宝市场。据说，世界上优质天然黑珍珠的年产量估计不超过 15 万颗，大约有 6 成以上黑珍珠直径不超过 11mm。11mm 直径的黑珍珠为珍品，而 15mm 以上精圆形黑珍珠更加稀有。黑珍珠的美在于它浑然天成的黑色基调上具有的各种缤纷色彩，最被推崇的是孔雀绿、浓紫、海蓝等彩虹色。近年，黑珍珠收藏的人数不断增加，我们在收藏和投资黑珍珠时，一定要注意区分天然与人工养殖的黑珍珠，还要区分一些染色珍珠。目前世界上只有两个黑珍珠的天然产地：波利尼西亚群岛的大溪地岛，全球 95%的黑珍珠都产自那里；库克群岛的彭林岛和马居希基岛，黑珍珠产量占世界总产量的 4%。这两处出产的天然黑珍珠的质量和价格都要明显高于人工培养的黑珍珠。

象　牙

象牙制品成为人们收藏的热门品种是有历史渊源的。象牙利用在新石器时期就已经开始，雕刻历史十分悠久。20 世纪 90 年代后期欧美国家将象牙列入禁售项目，偶尔出现于东南亚艺术品市场。1989 年中国也将象牙列入禁售项目。随着市场的消耗，存世的象牙雕精品越来越难得。故此，一段时间以来，象牙工艺品的价格迅速攀升。2008 年 10 月 28 日非洲纳米比亚拍卖了一批库存象牙，仅有中国及日本买家获准参与竞标，最后 7.2t 象牙以 118 万美元的价格卖出。尽管拍卖价格比走私价格便宜了几倍，但数量已大幅减少。目前，象牙非常稀缺和珍贵。据称，象牙价格已从2004年的每千克200美元飙升到了每千克6 000多美元。一整根十多斤重的象牙，目前市场流通价一般为10多万元。自2009年起，其价格年上涨幅度在50%左右。

1993年香港苏富比公司举办的艺术品拍卖会上，一对清代宫廷内摆设的象牙嵌翡翠珊瑚宫灯，曾以420万港元拍出。1995年京城瀚海春拍中，一尊30cm高的明代精湛天衣不空观音像创出了60.5万元的成交价，成为20世纪90年代内地市场明代象牙雕刻品拍卖的最高纪录。2002年的中贸圣佳秋拍，高23cm的清象牙雕瑞兽水月观音以22万元的价格易主。2003年开始，20～30cm的古旧象牙观音仅在3万～5万元的底部价位就盘恒了三年之久。近年拍市及藏市中的古旧象牙观音等品种已很稀少了，价格正在快速上升。2006年秋季拍卖会上，一个清乾隆时期象牙雕镂空八仙福寿图提盒估价90万～120万元人民币，最后被买家以154万元拍走。自2007年以来，内地市场对于象牙雕刻的关注度不断升高，象牙价格比上年价格上升了约一倍。2007年4月，江苏爱涛拍卖推出的一件清代象牙雕文具小柜，以89.1万元成交，刷新了当时内地象牙雕的拍卖纪录。而同年北京拍场上一件清康熙象牙梅花纹笔筒，以71.5万元高价成交。以象牙制棋由来已久，所见多为平素，但三面皆有工艺者极为少见。2007年春季北京诚轩以77万元成交了一副三面皆有工艺的象牙嵌色填金浅刻福寿纹象棋。2008年的匡时秋拍中，一件宋代象牙释迦牟尼佛像，高19.80cm，以784万元高价成交，打破了当时的象牙拍品纪录。2009年保利春拍上，象牙拍品同样出彩，清乾隆象牙浮雕荷塘春色笔筒以224万元成交，成交

象牙雕件

释迦摩尼象牙摆件

明代象牙雕观音

价超过了当时估价的3倍。同期，纽约苏富比推出的一件清乾隆年御制象牙镂雕锦地染色嵌石祝寿图镜连金蟾吐珠金漆木座，拍出了63.6万元高价。香港佳士得推出的一对明代象牙瑞兽钮印也以69.96万元成交。2010年伦敦佳士得秋拍时，风格类似的一对清18世纪御制题诗象牙碗估价60万～80万英镑，竟然以228.125万英镑拍出，创造了中国象牙雕艺术品的全球最高价。2010年12月9日，北京古天一拍卖一件明代象牙雕观音像，以1 792万元的天价成交，创造了亚洲地区象牙雕刻艺术品拍卖纪录。15年前明代象牙雕观音以60.5万元的拍卖价创造了纪录，15年后又是一件牙雕观音创造新的拍卖纪录。15年来我国艺术品拍卖市场经历翻天覆地的变化，这件观音像凭借高端的品质再次刷新中国市场象牙雕拍卖纪录，让人惊叹。一件清乾隆象牙雕海水云龙纹笔筒，笔筒底以篆书刻“廷庆楼制”款，是清宫象牙龙纹风格笔筒中雕刻最为精美的一件，1997年12月曾由伦敦佳士得拍出过，此次以313.6万元易手。在这批古天一的拍品中有51件为明清象牙艺术品，在47件成交的明清制品中有8件价值超百万元。百万元以上成交的拍品中，明代制品2件，清代制品6件。拍品中，元代制品1件，明代制品14件，清代制品36件。

清代象牙雕文具小柜

象牙嵌色填金浅刻福寿纹象棋

清御制题诗象牙碗

中国嘉德自 1994 年 11 月—2011 年 3 月，上拍象牙制品（包括使用了象牙的工艺品）约 2 316 件，成交 1 884 件，成交率 81%，总成交额约 7 522.02 万元。1994 年秋首场拍卖的 239 件拍品中，象牙雕仅 3 件。2000 年全年上拍象牙雕 11 件，成交 7 件。2002 年拍了象牙雕 60 件。2007 年秋拍，明代象牙雕观音坐像拍到了 123.2 万元。2011 年秋拍，清代象牙丝编织鸾凤牡丹图宫扇以 459.2 万元拍出，成为此类宫扇的最高价格。2011 年 3 月嘉德四季第 25 期拍卖，象牙雕的上拍数量已达 205 件，与 2010 年同期相比数量增长了一倍。从嘉德和古天一象牙拍卖趋势来看，20 年间，无论从上拍象牙雕数量，还是拍卖价格来看，国内象牙市场有了巨大提升，专家推测今后象牙雕还有很大的投资收藏空间。

这里介绍的象牙是特指大象的獠牙，即大象的两颗长牙(上门牙)。象牙一般长 2～3m，其中约一半是中空的，由脉管牙髓之上的牙质层组成。象牙品种有非洲象牙和亚洲象牙之分。

象牙的化学组成包括无机和有机两大部分，无机类主要是 CaO、P_2O_5、MgO 等，约占 65%；另 35% 为有机质，主要是胶质蛋白、弹性蛋白质等。象牙内有大量纤细管，从牙髓空腔处向外辐射。结构致密，细孔被一种油质或蜡质溶液所充填，致使象牙具有美丽的光泽和适当的硬度，有利于加工。

象牙一般呈弧形弯曲的角状，横截面近圆形，其上可以观察到一种特殊的纹理线，是类似镟削的线条，称“利兹纹”。这种纹呈圆弧状，两组交叉，具菱形网格图案，且菱形钝角总大于 115°。一般只要放大 10 倍即可在任何横断面上看到。在纵断面上，真象牙具有近于平行的波纹线。波纹线是区别真、假象牙的重要标志。

明代象牙雕观音坐像

清乾隆象牙雕海水龙纹笔筒

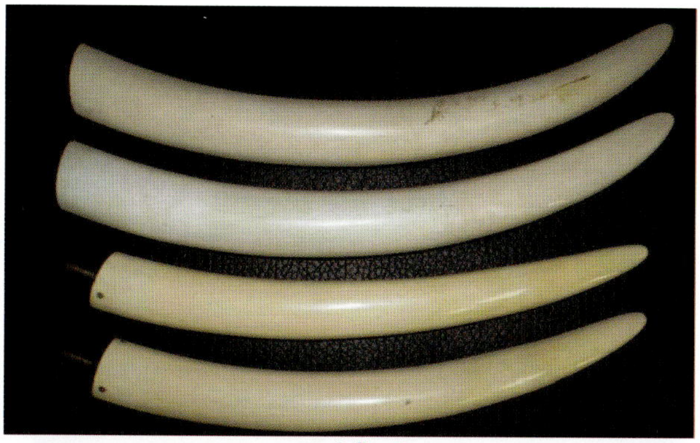

亚洲象牙

猛犸象牙

新鲜的象牙通常呈瓷白色、奶白色、白色和淡黄色。史前象牙呈蓝色，偶见绿色。象牙具有柔和的油脂光泽或蜡状光泽、暗淡光泽，无解理，裂片状断口，硬度为2.5～2.75，相对密度1.70～1.90，平均折光率1.535，可有紫色—蓝色荧光，遇酸不会褪色，但加热会引起收缩。韧性极好，浸泡在酸中短时间会软化，长时间以后就会分解。

古旧牙雕品皮壳包浆呈黄或白色，其成因复杂多样，同一时期的牙雕品，它们由于取材部位的表里、雕品置放房间的明暗、裸藏时间的长短、湿度的高低、受光照的强弱、烟熏侵蚀的浓淡以及抚摩与汗渍沁渗的多寡等诸多因素的不同而均有差异，天长日久就会出现一层黄白不一的皮壳包浆色。由于象牙含胶质蛋白、弹性蛋白物质，故其有很好的韧性，经软摩擦后就可使它呈现出诱人的油脂光泽或蜡状光泽，多为半透明或微透明。

非洲象牙是最好的，个体大，纯白色，优质者称绿色象牙，尤以喀麦隆产为优，其次为坦桑尼亚、刚果等地所产。成年非洲雄象牙较粗长弯曲，外形一般呈牛角状，微弯或弯曲成半圆形，长度在1.5～3m，直径可达20cm，重70～90kg，雌象牙重约18kg，而一般雌象牙平均只重约7kg。非洲象牙其中一半长度为中空的，横切向为圆形或近圆形，中心的牙神经线不明显。非洲象牙的密度较高，质地细腻，牙质坚硬，成年象的牙颜色很白，截面上带有非常清晰的细纹理。

亚洲雄象象牙最长可达1.5～1.8m，重30～40kg；雌象牙较小，不突出于口外。亚洲象牙比非洲象牙白，其中以淡玫瑰白色最为珍贵，但经不起精细磨光，否则会迅速变成微黄色。结构较非洲象牙粗，即分层结构中的纹理线较粗。亚洲象牙较细、短直，中心的牙神经线较明显。此外，亚洲象牙色泽偏近于玉色，较莹润。但是，目前市场上有一种象牙的颜色是白色的，显得非常僵化，可能是从死象身上取下的或漂白后的象牙，其质地比较松，而且容易变色。

象牙以颜色纯白、半透明、质地致密坚韧、纹理线细密、质量大者为优，反之，颜色发黄、块体小、结构疏松的象牙价值就低，甚至失去作为珠宝的价值。一般来说，产于非洲的象牙质地细腻，截面上带有细纹理；而亚洲象牙质地较疏松柔软，颜色容易变黄。

从象牙的实心截面可以看到中央有小黑孔，那是纵贯象牙的髓腔，也就是“牙心”。通过牙心就可以判断牙材的优劣，只有中央一粒小黑孔的称为“太阳心”，这种象牙最好；如果发现有数粒小黑孔的则是“芝麻心”，品质次之；如果看到的小黑孔多而不规则，点线纠缠，则是“糟心”，品质又下一等。

前面谈到的拍卖牙雕行情，多是明清作品。其实，现代象牙雕刻艺术品也有很大的收藏价值，尤其是一些建国后成名的象牙雕大师的作

象牙雕观音

非洲象牙

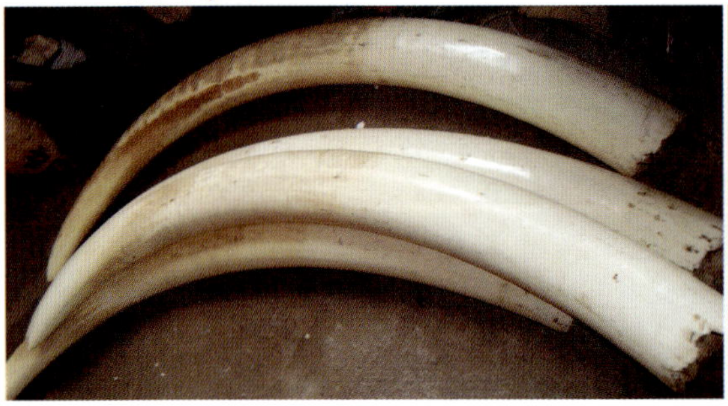

非洲象牙

象牙雕（清明上河图）摆件

象牙雕花球

品，他们的许多象牙雕艺术品已经收藏在国家各级博物馆里，但还有部分牙雕作品流传在外，若有机会尽量投资收藏，一定会有丰厚回报。

收藏象牙首先要保证其是真品。时下，冒充象牙的假冒品较多，我们要加以区分。例如，一些致密型骨骼制品与象牙制品在外观上极为相似。区别在于横断面上，象牙具有旋转引擎纹理线，而动物骨骼呈空心管状构造。骨制品雕刻形状多是椭圆形、扁圆形，且质地粗糙，纹路也粗，表面高低不平。象牙饰品精工细作，而骨刻饰品做工较粗糙。还有一种象牙棕榈坚果像鸡蛋大小，如象牙般洁白，其硬度、折光率和荧光与象牙相近。还有化学伪品则无牙纹，有的有纹也是椭形纹，不交叉且粗细一致。人造象牙的材料主要采用的是酚醛浇铸树脂、硝化纤维塑料和干酪素塑料。

象牙雕刻塔

收藏象牙最好选择颜色洁白、表面润滑光洁、手感较沉、纹路紧密的品种。

收藏象牙雕刻品要选择雕刻精细、造型端正、题材适宜的作品，最好是知名雕刻大师的作品。象牙雕刻工艺是极其重要，在相同牙质的情况下，牙雕工艺决定其最终价值。从清代

象牙雕摆件

镂雕 32 层象牙球

现代李春珂象牙雕刻《如意仕女》

开始，象牙雕刻领域也涌现了不少名家，其中最为知名的是“南于北吴”，即于硕和吴南愚。象牙雕刻品的制作年代也须考虑。明清象牙雕刻存世数量不少，但是象牙保存不易，品相好的象牙年代越久，价值越高。同时，我们要注意区别仿古做旧的象牙雕刻品。

收藏宫廷象牙雕刻品升值相对更快。因为宫廷象牙雕刻的工艺更加精湛。象牙雕刻在明清是一种较为常见的工艺品，但象牙牙雕保存不易，年代越久的象牙价值越高，清朝中期之前的作品为佳。

现在收藏象牙的渠道分三种：一是通过拍卖行进行交易，一般交易的都是传承有序的上乘珍品，拍卖价格惊人；二是去北京象牙雕刻厂、广州象牙雕刻厂等国家授权的象牙艺术品制作企业购买，这些机构早年存有一些象牙，每年都会制作一些象牙艺术品；三是通过象牙收藏圈内少数人之间的交易。前两种交易一般都是经过有关部门批准进行的，后一种交易要注意不能违反国家规定。

象牙丝编织纨扇

象牙雕（清）

彩　石

寿山石

田黄石雕瑞狮纸镇（明）

人们非常喜欢寿山石，尤其喜欢收藏寿山石中的高档品种，如田黄石、荔枝冻、芙蓉石以及各种水坑冻石等。长期以来，寿山石（尤其是田黄石）一直是拍卖市场的热门拍品。

自清乾隆开始，田黄石一直是人们追求的珍宝。寿山村产出田黄石的水田，自发现田黄石以来已被翻掘了无数次，如今的田黄石几近绝迹。而今一块极普通的田黄石也要数万元人民币，其价格早已超过“一两田黄十两金”。2011 年 3 月，南京拍卖市场以高达 580 万元的价格拍卖出一块田黄石，这块田黄石雕件高 17cm，重量为 1 560g，十分罕见。这块田黄石上雕“松下问童子”的传统图案，雕工十分细腻，这也进一步提升了其价值。按这块石头的重量来算，每克价格高达 3 700 多元。其实，质地、颜色和雕工俱佳的田黄石价格每克早已超过 10 000 元了。2006 年 10 月在香港举办的一场秋季艺术品拍卖会上，一块重量 200 多克的明代田黄石雕瑞狮纸镇以 4 167.92 万元拍卖，创下了寿山石雕世界拍卖纪录，每克超过了 20 万元。瑞狮纸镇除了石头本身的名贵外，还因为它出自明末清初雕刻大师杨玉璇之手。如果只是块田黄石原石，就拍不出那么高的价格了。另外一方田黄石雕狮钮方章，成交价也达到了 297.648 万元。而在 2005 年北京举办的春季拍卖会上，顺德藏家的一块田黄石拍出了 6 500 多万元的高价，平均每克田黄石价格达到了数万元。

2010 年北京嘉德“翦淞阁——文玩清供”专场中，杨玉璇田黄冻达摩面壁像以 1 568 万元成交价刷新国内寿山石拍卖成交纪录。学界公认的杨玉璇经典作品，海内外博物馆及私人收藏统计不超过 10 件，且此物原由明末清初的文学家冒辟疆所藏，后经其裔孙冒广生转于龚心钊，十分珍贵。杨玉璇田黄冻达摩面壁像仅高 6.3cm，重 88g，但是材质精良、保存完好、气韵生动，受到众多藏家的青睐，场内竞价异常激烈。最终，估价仅为 200 万元的拍品，以超千万元的高价成交。

2010 年 12 月，北京匡时拍卖了一枚明末清初田黄石仿汉平安钮印章，尺寸为 4.4cm × 3.8cm × 5.6cm，重 202g，成交价格 1 456 万元。田黄本就贵重，市场以克论价，每每雕琢之时谨小慎微，生怕多刻掉一丝一毫，因此当代已很少拿来裁切印章。这枚田黄裁切规整，制式古朴，更兼质地凝润，殊为难得，因此得到买家青睐，一路追捧至 1 456 万元，位居该年度寿山石拍卖市场排名第二。北京保利“中国当代高端工艺品”专场中，一件橘皮黄十八学士田黄石也以 440 万元的高价被拍走。

过去，人们收藏寿山石时，首选都想要田黄，如今收藏田黄变得很难，现在人们只好将眼光放在了质地、观赏性等方面能和田黄媲美的高档寿山石上，比如水坑冻石、荔枝冻及芙蓉、善伯等高山石了。水坑石产于寿山溪上游坑头之麓的溪旁，产量也非常少，石质多为透明状结晶体，通灵凝腻，富有光泽，品种以石色相形分为水晶冻、鱼脑冻、黄冻、牛角冻、桃花冻、玛瑙冻等。1996 年，一件桃花冻兽钮石章就在北京翰海拍出了 9.35 万元。2002 年，在北京华辰拍卖会上，一对康熙皇帝御用的芙蓉石印章以 390 万元人民币成交，创下了芙蓉石章的天价成交记录。这对印章质地温润剔透，成平顶状，印顶浮雕

田黄冻达摩面壁像（明末清初 杨玉璇刻）

双夔龙博古钮对章（清）

白色雕慧可断臂像

太平盛世荔枝冻、水冻玛瑙三色章

善伯冻石鳌龙钮章

双夔博古钮，纹饰古朴流畅，雕工精细美观。2005 年 5月,一件取材于朱砂色红寿山石的清乾隆寿山石雕八吉祥云蝠纹盖盒(直径 10.5cm)，在北京嘉德拍出了 220万元。2010 年，一枚黄水晶冻石钮章拍出近 22 万元，一枚水洞高山石薄意章拍了 22 万多元。的确，收藏寿山石不要只盯上田黄石。2010 年，一件杨玉璇制白寿山慧可断臂像以 1 064 万元人民币成交，着实让人惊讶。这尊慧可断臂像与达摩面壁像同为“禅宗组曲”之一，为瞻麓斋龚心钊旧藏。达摩面壁像以田黄之质受藏家追捧丝毫不奇怪，而这尊慧可断臂像以普通白色寿山石的质地，也受到藏家的推崇，毫无疑问是源于杨玉璇的神技。

保利自 2009 年秋拍起开设当代国石专场，随着明清、民国寿山石价格的不断上涨，当代寿山石也开始逐渐被认识，人们在投资古董的同时，对当代艺术品也开始关注。2009 年保利首次推出“雅印聚珍——当代寿山石专拍”便取得很好的成绩，总成交额为 1 547.84 万元。2010 年春拍上一枚当代结晶性善伯石三阳开泰钮大方章，尺寸为 6.3cm ×6.3cm ×9cm，拍卖价 336 万元，登上去年寿山石雕拍卖榜第六名，着实让人意外。这件藏品规格够大，仅印面就 6.3cm×6.3cm。这枚方章可谓悉心雕琢、寓意良好。如此巨大的方章通体无格无裂，

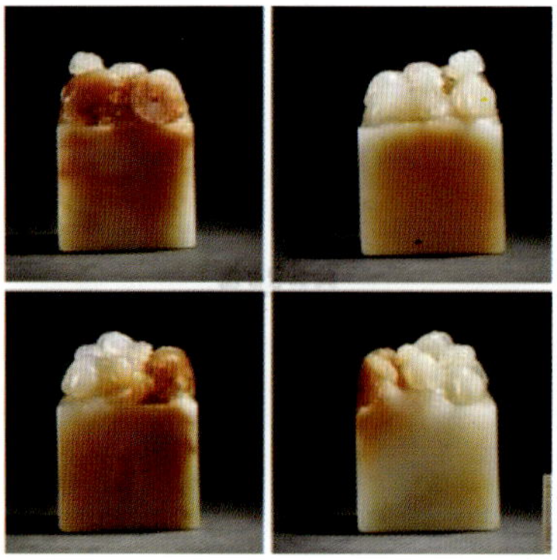

结晶性善伯石

没有出现致命瑕疵，确实是很难得了。同一拍卖会上，一套翁燕作太平盛世荔枝冻、水冻玛瑙三色章，成交价 50.4 万元。2010 年福建东南拍卖了一枚郭功森创作的善伯冻石鳌龙钮章，尺寸为 9.7cm×4.5cm×3.7cm，成交价格 168 万元。一枚荔枝冻石素章，规格为 14.5cm×2.8cm×2.8cm，成交价 145.6 万元。

在福州举行的“国石印象——寿山石 2011 年夏季精品拍卖会”上，一枚博古芙蓉石方章拍出 100 万元人民币天价，成为当下寿山石投资热兴起的一个有力佐证。当日的拍卖会上，参拍的 146 件精品以印章为主。20世纪 80 年代起，台湾多有藏家购入，近期由于寿山石在大陆不断升值，台湾回流大陆的精品渐多。此次拍卖会上，台湾回流品就有 13 件寿山石方章作品，起拍价在数万元至 32 万元之间，显现一定的升值空间与回报空间。

从上面寿山石拍卖交易情况分析，目前，寿山石收藏不仅仅局限于田黄石等少数品种，如今已发展到冻石、荔枝石、芙蓉石等多个品种。从古玩寿山石收藏，发展到现代寿山石收藏；从寿山石印章收藏发展到各种寿山石艺术品收藏；且各种寿山石藏品价格正在迅猛增长。

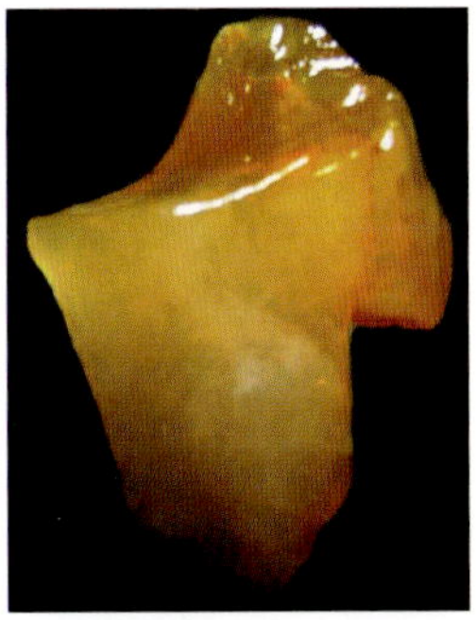

黄冻石

寿山石的主要组成矿物均为黏土类矿物，主要有迪开石、叶腊石、高岭石、伊利石和珍珠陶土；次要矿物有石英、黄铁矿、硬水铝石、红柱石、绿帘石和绢云母等。寿山石的主要化学成分是 SiO_2、Al_2O_3、FeO、Fe_2O_3、TiO_2，另外还含有少量 CaO、MgO、

荔枝冻石摆件

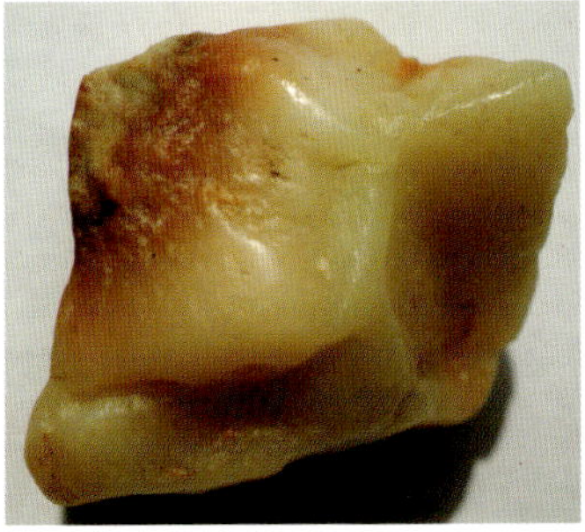

芙蓉原石

红黄白高山石

K_2O、Na_2O，以及一些其他微量元素。寿山石中微量元素主要有Sn、Mo、Pb、Zn、Cu、Cr、Ni、Co、V、Ba、Ga、Sc、Nb、Be等。这些微量元素对寿山石的某些性质会产生影响，如铁元素含量的多少对寿山石颜色的深浅变化产生决定性的影响，当二价铁被氧化为三价铁时，寿山石的颜色将会变深，反之寿山石的颜色变浅。

寿山石颜色丰富，几乎包含了光谱中所有的颜色，其常见的颜色包括白、乳白、黄白、米白、灰白、红、粉红、大红、紫红、深红、褐红、黄、淡黄、金黄、深黄、褐黄、灰黄、绿、浅绿、苹果绿、豆绿、艾绿、黄绿、黄褐、深褐、暗褐、棕、赭、黑、灰、蓝灰、紫和无色。决定寿山石颜色的主要因素是其矿物组成和色素离子。当寿山石主要矿物由纯迪开石或高岭石组成，除了硅、铝和钠外，其他组分极少时，其颜色就显现白色；完全由珍珠陶土组成的寿山石，一般为金黄色，并且透明度较高，寿山石中“冻地”的品种多属此类；当寿山石含较多高岭石时，常显紫红色、灰紫色、黄紫色，并且多不透明；当寿山石含微晶石英时，则显黄白色和灰白色，色泽柔和，质地细腻，半透明状，硬度较高；而“银裹金”田黄石外层的银色物就是纯的迪开石。

寿山石常为不透明至亚透明，或不透明至微透明，少数可达透明。从传统分类上讲，个别冻石、晶石的寿山石近于透明或半透明，如水晶冻石和鱼脑冻石等。一般来看，迪开石类寿山石透明度较好，如田坑石类、高山石类寿山石；叶腊石类寿山石透明度则相对较差，多为不透明；少量结晶性寿山石为半透明。

迪开石为主的寿山石的折光率为1.56～1.57左右；叶腊石型寿山石折光率常为1.50～1.60；伊利石型寿山石的折光率通常为1.55～1.61。寿山石的相对密度为2.57～2.84，摩氏硬度为2～3。

高山晶节节高把件（庄长华作品）

要收藏寿山石就要尽可能认识了解它，但是寿山石品种有100多个，要想全面了解认识寿山石的品种是比较困难的。我们最好从知名度大的寿山石品种开始认识和了解。尽管这些品种或许在寿山石品种中的比例仅 20%，但它们却占寿山石产量的 80%。知名品种和大品种中也包括了质地好的寿山石。同一品种寿山石价值差别很大，品种并不完全决定价值，而是品质决定价值。什么样的寿山石品质好呢？业内前辈总结出来六个字（也称六德）：即温、细、润、结、凝、腻，这六个字包含了对寿山石评判的所有内涵。简单来说，寿山石品质达到温润细腻、致密凝重、通透光洁、油润细滑就可称为上佳。首先要弄清楚石种，不同石种价格差别比较大。其次对石料要求质净、腻、莹；色纯、正、鲜；石料方、高、大。“净”指的是纯洁度高，洁净无瑕为上品；“腻”指的是石料的细密度，致密温润为上品；“莹”指透明度，以通灵莹澈为上品。“色”就是石料的颜色。寿山石颜色五彩缤纷，有单色、双色乃至多色混合，色彩的变化也非常复杂，时而浓淡渐变，时而色界分明，从而产生出种种美丽的花纹图案。寿山石色彩要求达到“纯、正、鲜”。寿山石原石能呈方、高、大者，其价值就高。

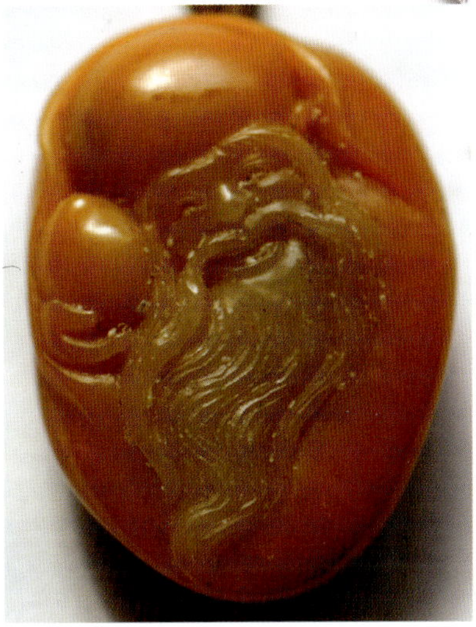
黄芙蓉巧雕白胡子寿星

寿山石雕艺是重要的定价因素。一般要求一块寿山石原料能够做到“因料取材，因材施艺”，能够达到寿山石天然之美与工艺之美的有机结合。一件优秀的艺术品最重要的一点就是耐看，经得起时间的考验，越看越爱看。也只有这样，它的价值才会得到公认，这样的作品才真正富有艺术感

荔枝冻石钮章
庄长华作品

将军冻芙蓉石钮章

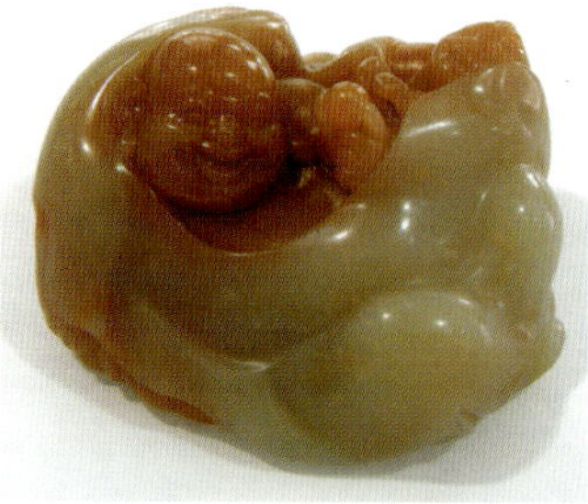

执珠弥勒佛（叶子贤作品）

寿山石雕件

染力，才有艺术价值。为此，我们收藏鉴赏寿山石雕，要看其“因材施艺”是否恰当。寿山石雕艺术最大的特点就是利用石料的天然色泽，雕刻出造型和色泽相适应的作品。我们在鉴赏和选购寿山石雕作品时要看雕刻艺人在“因材施艺”方面的独到功力，看看是否充分利用石质、石形、石色、石纹来确定相应的题材与造型，而不是牵强附会。除此之外，还要看雕刻技法是否合理。寿山石雕有精细的高浮雕、透花雕和圆雕等。另外，也要注意寿山石雕刻的刀法。寿山石雕的刀法具有独特的艺术风格，有简练的刀法、朴茂的刀法、浑厚的刀法、秀凌的刀法。薄意雕刻、花鸟雕刻，多用娟秀清晰的刀法；人物圆雕、古兽印钮等雕刻则多用浑厚简朴的刀法，在手上把玩时不会刺手。

有行家认为，田黄有好田、也有差田，差的田黄还不如一块好的峨嵋晶。寿山石收藏要有特点，必须把握以下几个方面。一是“纯”，也就是寿山石质地要干净，不要有杂质。二是“艳”，就是寿山石颜色要艳丽夺目，让人过目不忘。比如紫色月尾石、黄色芙蓉石。三是“奇”，色彩奇或纹理奇，色彩奇在巧雕、妙雕和绝雕。四是“透”，就是质地通透，透的永远比不透的好。

寿山冻石巧雕钮章

多数人收藏寿山石主要收藏其雕刻作品，而不是寿山石原石，所以评价寿山石多是针对其雕刻后的作品。我们评价寿山石雕刻作品时，主要评价石料的品种、质地、颜色、纹理、净度、块度，还包括其雕刻造型、纹饰、刀法、工艺等方面。

寿山石的评价首先考虑其种类。一般说来，

寿山石质地以田坑石最佳，掘性石次之，水坑石又次之，山坑石最差。

质地是指寿山石的石质、结晶程度，这是评价寿山石最重要的指标。寿山石质地致密细腻，纯净坚实，孔隙度小，触摸温润，硬度适中，没有风化为好。寿山石质地差异大，其中晶地、冻地的寿山石通常都属优质质地。

颜色是评价寿山石的重要指标。一般认为寿山石以色泽艳丽、纯正为佳。寿山石色彩非常丰富，有单色和多色之分，并以单色为佳。但是，有的多色寿山石也有妙处，如银裹金、金裹银的寿山石雕刻的精美作品，颜色运用巧妙，其价值也不菲。多色寿山石也是巧雕的最佳材料，巧雕的作品可能成为妙品、绝品。

净度是指寿山石质地的纯净程度。天然寿山石中多含瑕疵，瑕疵越多净度越差，寿山石瑕疵主要有“格”和杂质两类。寿山石以纯净无瑕、无裂纹、无砂钉为佳。

寿山石原石普遍体积都不大，同品质的寿山石的块度越大越好，一般要求能雕刻一方印章即可。田坑石达到 30g 就称成材，达到 250g 为大材，500g 以上就是超级材，堪称王中之王。

寿山石收藏品多是雕刻艺术品，为此我们必须重视其雕刻工艺。一是要求其工艺美，凡雕刻利落流畅、娴熟精工必然是美的或比较美的，反之，雕刻呆滞纤弱、拖泥带水，就不会美。二是造型美，造型是雕刻器物审美的构架，也是决定寿山石雕件价值的一个重要因素。三是要求纹饰美，纹饰选择要与题材吻合。雕件表面纹饰要紧密适中，纹饰线条流畅舒展，深浅适中。四是俏色美，是雕刻师依石材的

彩虹旗降鱼（巧雕）

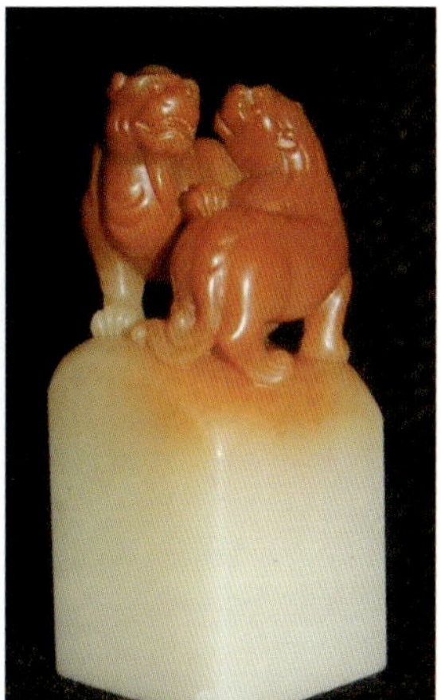

红白善伯巧雕钮章

自然色泽纹理，巧妙地加以设计运用，施以适合石材的雕刻技法，使雕刻作品的造型与颜色达到自然完美的艺术效果的一种特殊工艺。在评价俏色利用方面，可以根据一巧、二俏、三绝这三个层次来分析。俏色利用得巧妙，利用得俏，利用得绝，这才是珍品。

昌化石

昌化石，尤其鸡血石，也是人们投资收藏的热门品种。随着鸡血石资源的枯竭，其价值也在迅速攀升。2003 年 5 月，北京翰海拍卖会上，一件清代鸡血石方章成交价仅为 8 000 元。2005 年 12 月，一件清代鸡血石方章，其品质与 2003 年相当，价格则涨到 12 万元。2004 年 8 月，上海首次鸡血石拍卖会上，一件“年年有余”鸡血石艺术摆件，经过激烈竞价，以 7.1 万元成交，成为全场最高价。在这次拍卖会上，总共 115 件鸡血石拍品拍出了 93 件，但是成交价都不高，少则一百多元，多则几万元，可是其价格已比前几年上涨了十几倍。2004 年，一件高 13.2cm、长 28.2cm 的鸡血石摆件，在深圳拍出了 429 万元。2007 年 12 月，北京翰海秋季拍卖会举办了“日精月华——国石艺术”专场拍卖，一块由国家级雕刻大师牛克思所雕的“昌化鸡血石雕楼阁山子”更是以 1 344 万元人民币成交，创下了当时中国当代工艺品的最高价格纪录。

昌化鸡血石“鸿福齐天”

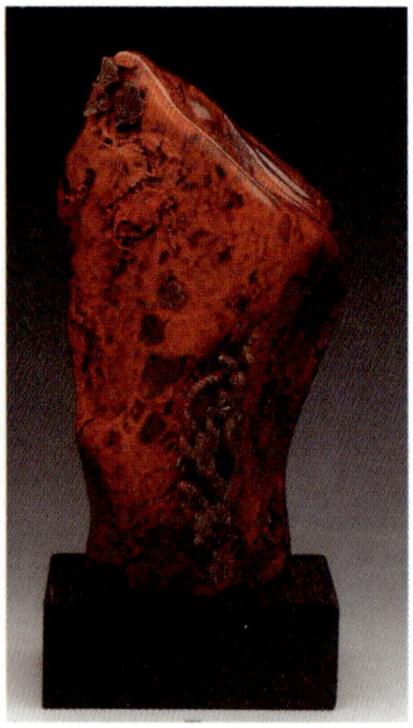
昌化鸡血石山子摆件

2007 年 11 月，在杭州第八届西博会中国工艺美术大师作品展上，一件鸡血石大屏“桃园结义”高 240cm，宽 380cm，重达 2t，据其作者——鸡血石雕刻大师钱高潮介绍，该大屏为中国鸡血石屏之最，是他带领团队选用稀有鸡血石，花了整整 6 年创作而成。该大屏被一神秘上海买家以 9 100 万元的天价买走。这块鸡血石创下了中国当代工艺品的最高价格纪录。然而，这块鸡血石雕大屏风，2006 年在上海大剧院拍卖时估价仅 980 万元。

2008 年，牛克思大师创作的昌化鸡血石雕“鸿福齐天”曾参加第二届中国名石雕刻艺术展，并获得金奖。该作品高 55cm，宽 20cm，厚 12cm，主题部分高度达 33cm，重量超过 7kg。较之“楼阁山子”，体积更大，造型更美，血色更艳，品相更好，当时起拍价为 500万～700 万元。2008 年中国嘉德秋拍中，一块昌化鸡血石山子摆件拍得 179.2 万元，是近年来嘉德拍卖中拍价最高的一块鸡血石作品。2008 年上海昌化鸡血石拍卖会上，一件 60 万元的拍卖品被人以 120 万元买走，而一件起拍价为 500 万元的拍卖品在众人的轮番叫价后最终拍到了 2 000 余万元。这次拍卖会共推出昌化鸡血石等拍品 343 件，最高的起拍价为 880 万元，最低的为几百元，总成交额达到 4 300 余万元。2010年，一件昌化鸡血石雕刻的九龙壁屏，气势逼人，其正面的九龙腾云驾雾，气势磅礴，九龙格局合理，造型大气，更因鸡血石的独特石料的点缀而丰满绚丽；其背面的九龙吐火，在红色的背景衬托下，漫天火云，九龙齐聚，吐火凝珠，浑然天成。其大小约 65.8cm × 32.4cm × 11.1cm，起拍价 254 万～330 万元。

2011 年，浙江西泠印社的一次印章专场拍卖会上，一方小小的刘关张（章料红、黑、白三色相伴而生）鸡血印章则拍到了 168 万元的高价。西泠印社 2011 年春季艺术品拍卖，一套昌化牛角地鸡血石对章，尺寸为 2.4cm × 2.4cm × 10.1cm，成交价 172.5 万元。一方昌化黄地鸡血石章，尺寸为 2cm × 1.9cm × 9cm，成交价 103.5 万元。一套四方昌

鸡血石大屏
“桃园结义”

鸡血石大屏
“桃园结义”局部

昌化鸡血石雕楼阁山子
（牛克思创作）

昌化鸡血石摆件九龙壁

昌化鸡血石摆件九龙壁背面

化鸡血石章，尺寸分别为 1.4cm × 1.3cm × 5.2cm、1.4cm × 1.3cm × 5.1cm、1.4cm × 1.4cm × 5.2cm、1.4cm × 1.3cm × 5.6cm，成交价 26.45 万元。

现代矿物学研究认为，鸡血石形成于晚侏罗纪（约一亿年前）流纹凝灰岩中，是辰砂（硫化汞 HgS）在高岭石与迪开石之间不断渗染而成，其摩氏硬度为 2～3，相对密度为 2.66～2.9，其化学成分为 $Al_2(Si_4O_{10})(OH)_2$。

昌化鸡血石的天生丽质源于它是辰砂与高岭石、迪开石、叶腊石等多种矿物共生的集合体。辰砂是“血”的主要成分，有鲜红、大红、紫红、淡红，是团块状、条带状、星点状等。高岭石、迪开石是质地的主要成分，有白、黄、红、青、褐等色和半透明、微透明、不透明等状态。昌化鸡血石按其色泽、透明度、光泽度和硬度，分为冻地、软地、刚地、硬地四大类，共百余个品种。

昌化石是个多姿多彩的大家族，主要分为昌化鸡血石、昌化田黄鸡血石、昌化冻石、昌化田黄石、昌化彩石五大类。昌化冻石中有“血”者为上品，人称“鸡血石”。最名贵鸡血石是“大红袍方章”，其印石六面红或四面红，红色鲜艳、纯净，光泽度高，纤密坚

昌化牛角地鸡血石对章

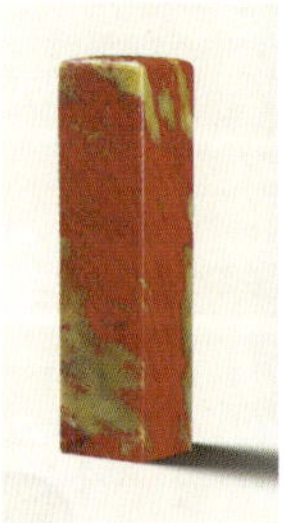

昌化黄地鸡血石章

四方昌化鸡血石章

鸡血石原石

韧，几乎无地子。大部分鸡血石是有地子的，地子越灵透纯净越好。如桃花地鸡血红，遍体艳若桃花，鲜艳夺目；白玉地鸡血红，质地月白如素，无杂色，血色淋漓尽致；“刘关张”即红、白、黑三色相间，极具特色；豆青地鸡血红，地子似豌豆青色，微透明，血色鲜艳；荸荠糕地鸡血红，其透明度相当强，血呈红斑，片片诱人眼目；牛角地鸡血红，质地乌黑纯正，血艳，呈流纹，动感很强；藕粉地鸡血红，质地如冲泡而成的西湖藕粉，呈粉白色，鸡血醒目；肉膏地鸡血红，产量较多，质地有透明、不透明之分，其红色似鸡血滴入石中为佳。

昌化鸡血石有老坑、新坑之别。凡颜色鲜艳、质地透明、半透明的石料多为老坑所产。新坑所产石料大多色彩不够鲜艳，质地不透明，美感次之。

鸡血石的品质高低，以地子、血色区分。地子，即质地，有冻石、普通石、炼石（灰白软石或硬石），以冻石最佳；其色有白、粉、黄、灰、绿、黑等颜色，以白如玉的羊脂冻地为上，乌冻次之，绿地最下。血色以朱砂的多少、形态、鲜艳度而区分。色有鲜红、正红、深红、紫红等；形有片红、条红、斑红、霞红等。一般以血多、色鲜、形美者为佳，而血质浮薄飘散者则往往是易褪色之下品。

收藏鸡血石，首先是看“血”的红色，以其鲜、凝、厚为佳。鲜者红如淋漓之鲜血；凝者聚而不散；厚者指有厚度、有层次，深透于石层中者。另外，鸡血石的地张也是判断鸡血石的重要依据。地张就是红色染在什么样的石头上。鸡血石的地张以纯净、半透明、无钉，与血的鲜红色彩交相辉映者为上品。除上述之外，鸡血石的血色、血量和血形评估也十分重要。

血色：鸡血石的颜色以鲜红为最贵，次为朱红，暗红较差。鲜红者又称“活血”，暗红则因似凝血故称“死血”。

血量：一般来讲，鲜红血含量大于30%者为高档品，大于50%者为精品，大于

“刘关张”鸡血石

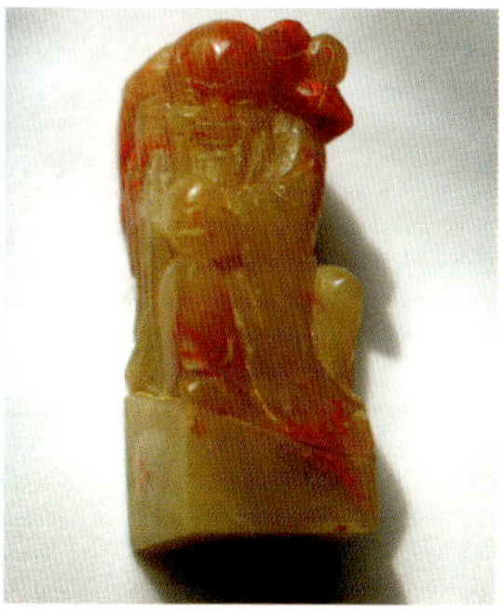

鸡血石印章

70%者则为珍品。当然，含血量也不是多了就好，如全部都是血，那就是一块辰砂，而不是鸡血石了。对成品印章而言，六面血者为上品，叫“满堂红”；四五面含血为正品；二三面含血次之；单面见血者为下品。

血形：有星点状、条带状、块状三种。血形评价当以“血”在石“地”中的分布特征，若如云似雾，构成抽象的图形，则价值倍增。

投资收藏鸡血石不仅看血色、质地，雕件还要看工艺。有人说，收藏鸡血石只要不买到假货就没有风险，价格一直在上涨，一年一个价。所以，收藏鸡血石一定要注意区分其真伪。

普遍认为，鸡血石品质好，不仅其升值空间大，且升值速度也快。昌化鸡血石的冻地、软地类属于鸡血石的极品和上品，如羊脂冻鸡血石、黄冻鸡血石、白玉地鸡血石、黑地鸡血石等。鸡血石的品样可分为方形、长方形、椭圆形、圆形、畸形，尺寸大致以2～5cm的径边为宜。血的优劣主要看艳度、浓度、血量的多寡和血形的形态。血色以鲜艳欲滴为名贵血，以大红血为上等血。质地是鸡血石的基础，看质地就是看色泽和透明度、硬度、光泽度。一般来说，透明度高、硬度低的光泽就好。硬度越低越利于篆刻，而且石质更细腻温润，价格自然就高。一般把硬度低于3的鸡血石归为软，硬度高于3的称为硬。鸡血石里又硬又干红的品种较差，达不到收藏级别。

因为鸡血石资源稀缺，而且只在中国被发现，所以其价格不断上涨的现象将持续下去。不过昌化鸡血石还没有达到其应有的价位，因为矿产还是分散型的，没有集中管理经营，市场价值没有得到提升，尤其是雕件有可观的增值空间。

鸡血石方章

随着昌化鸡血石资源日渐枯竭，收藏成本也越来越高。人们已经转向昌化石其他品种的收藏，如昌化冻石、昌化田黄石、昌化彩石等，现在正是投资收藏这类彩石的良机。这与寿山石收藏水坑冻、荔枝石、芙蓉石情况近似。目前昌化黄石、冻石的一些雕刻精

昌化黄石雕件

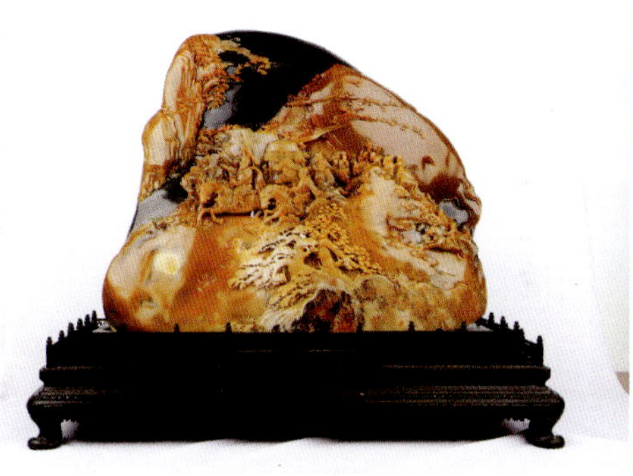

昌化彩石雕件

巧雕鸡血石摆件

昌化冻石雕件

品仅卖几千至几万元，少量超过 10 万元，彩石就更便宜了。2005 年一次展览中，一块重 1200g 高品质昌化田黄石的估价仅为 16 万元，显然其价值被大大低估了。昌化石收藏一定要选择高档石品，最好选择一些名家的雕刻作品，将来一定有巨大升值空间。

昌化石收藏品常为雕刻艺术品，除了关注石品外，我们还要重视其雕刻工艺水平。一是要求其工艺美，好的雕刻艺术品其雕刻技艺一定要利落流畅。二是关注造型美，造型是雕刻器物审美的构架，也是评估雕件价值的一个重要因素。三是要求纹饰美，纹饰选择要与题材吻合，另外表面纹饰要流畅舒展，疏密合适。四是关注俏色美，雕刻师依据石材的自然色泽纹理，巧妙雕刻，使雕刻作品的造型与颜色达到自然完美、浑然天成的艺术美。当然，著名雕刻大师的作品是收藏首选。

青田石

青田石因产于浙江青田境内而得名。青田石矿床位于青石县南郊约十几千米的方山、山口一带。已知有氏山、图书山、白羊山、凤门山、西山和麻坑山矿，所产图章石统称青田石。青田石石质细润坚实，是雕刻印章的优质材料，也是我国四大著名印章石之一，长期以来为

青田石山子

人们喜爱，也是收藏的热门品种。

青田石作为不可再生的矿产资源，国家控制得越紧，对投资者而言，越是个好信号。近年来，国家对矿产资源的开采已作了严格控制，以后也只紧不松，这是大势所趋。而把收藏青田石、青田石雕作为一种投资行为，这还是近十年来的热点。在青田流传着一个成功投资者的传说，香港一位影星几年前在青田花120万港币买了一位工艺美术大师的一套十二生肖青田石刻，据称，这位影星没到半年就转手这套青田石刻，赚了200多万。10年前千元一方的印石到现在没有万元是拿不下来的，每年的涨幅均在50%以上。2007年元月举行的“西泠印社2006年近现代名家篆刻专场拍卖会”上，齐白石刻的青田石章以37.4万元成交。2007年一枚酱油青田石闲章，印文“万事付懒惰”，边款“次闲仿汉之作，丁亥十月”(1781—1860)，尺寸为4.6cm×3.9cm×4.5cm，拍卖价为人民币3.5万～4.5万元。2007年4月在杭州举行的丽水工艺美术大师精品拍卖会上，现代青田石雕作品“江山多娇”以130万元人民币的落槌价成为全场“标王”。“江山多娇”为封门金玉冻材质，高约50cm，宽约33cm，其作者为浙江省高级工艺美术大师张爱光。西泠印社2008年春季艺术品拍卖会上，清代翁大年、于铿刻象牙、青田石陈官俊用印章二方仅拍卖了2.24万元。2008年三希堂拍卖一枚明代青田石文彭印章，尺寸7.2cm×3.5cm×2.2cm，拍卖价为人民币25万～30万元。2008年，浙江省工艺美术大师陈小甫的青田石雕件作品“喜鹊登门”在中央电视台《鉴宝》栏目中被专家估价30万元。时隔不久，浙江省工艺美术大师张爱光的

“江山多娇”

明代青田石文彭印章

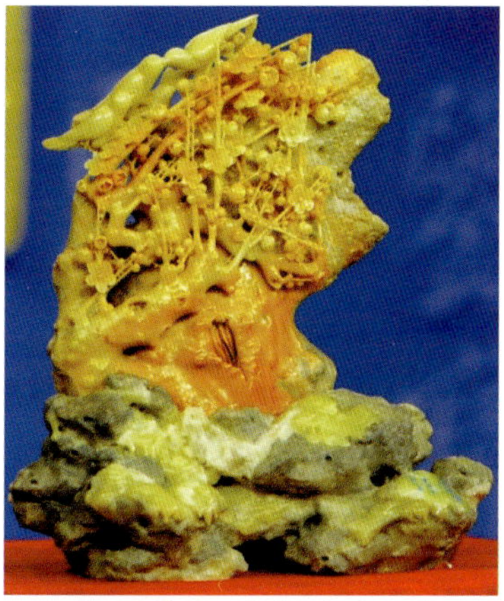
青田雕件“喜鹊登门”

青田雕件“金晖”

青田石雕“秋”

明代灯光冻狮钮印

作品“金晖”又被估价60万元。其实，青田石的名贵由来已久。如今青田石的总体产量和精品数量锐减，而收藏队伍逐渐扩大，导致其价格逐年攀升。这几年青田石的价格扶摇直上，尤其是印章，即使是普通品3年也涨了5倍，精品更是足足涨了20倍之多。在2010年中国（青田）名石拍卖专场上，58件中国名石原石、石雕作品以及精良印石惊艳亮相，拍卖会成交总价达到5 318万元，这也创下了青田石拍卖会的最高纪录。中国工艺美术大师倪东方的石雕作品“秋”在拍卖专场上以666万元的高价被神秘买家拍下。这次拍卖会上名石原石和印章也成了藏家竞拍的焦点，一块重达21kg的蓝星原石以500万元人民币成交，一枚灯光冻印石则以180万元人民币成交，成为拍卖会上成交价格最高的原石和印章。2010年展示的一枚明代绝品灯光冻石印，雕作蹲狮形，后足盘卧，前足支立，头颈与身躯圆浑一体，首部左扭，作观望状。石材晶莹通透，有温润光泽，呈浅黄色，有如桌案上温暖的烛光。这枚收藏在历史博物馆的明代灯光冻狮钮印，极为珍罕，价格估计可高达人民币70万～80万元。

2011年7月，首届“中国印·青田石专场拍卖会”在青田举行。据悉，本场拍卖会现场共成交39件，出自张爱廷大师之手的65号拍品“十八罗汉巧雕”，以22万元的成交价成为本场拍卖会的石王。北

青田石灯光冻石雕少女摆件

京大得拍卖一件青田石仕女摆件，拍卖价 8.8 万元。2011 年嘉德拍卖一方吴昌硕刻青田石印章，印文“深江某园主”，边款“丁巳展重阳，七十四跛叟，安吉吴昌硕”，规格 2.3cm × 2.5cm × 5.9cm，估价 4 万～6 万元，成交价 14.95 万元。2011 年的一次拍卖会上，一块 20g 左右的青田石经过 5 轮出价，最后以 20 万元成交，差不多每克一万元，这个价钱相当于目前国内黄金价格的 30 倍。然而在 20 年前，青田石中的精品——龙蛋石论块卖，价格与现在有着天壤之别。据称，当初这种龙蛋石价钱只有一万元左右，雕好了只有两三万元，到了 2001 年，一块龙蛋石也就 10 多万，现在涨到 100 多万元。

青田石主要是一种隐晶质板状叶腊石，含有少量 K、Mn、Ti、Fe^{2+} 和 Fe^{3+} 等元素。其色淡雅而华丽，除特有的青色外，还有红、黄、蓝、绿、黑、白、紫、褐等色，石中更有许多奇妙的纹饰，似高山飞瀑、奇花异卉，如人物脸谱、飞禽走兽。青田石质地致密，石质清纯、温润、细腻、凝重、敦厚，似透非透。青田石显蜡状光泽、玻璃光泽、油脂光泽，微透明至半透明，少数透明。摩氏硬度 2.5～3，相对密度 2.7。青田石中矿物的含量决定了石质的软硬。一般氧化铝含量愈高则愈软，而氧化硅、氧化铁含量愈高则愈硬。质地纯、透明度好的“冻

青田石印章（吴昌硕刻）

青田龙蛋石

山炮绿章

石”，是很纯的细小致密结晶质叶蜡石。新品种山炮绿的主要矿物为含铬绢云母，次要矿物为石英，且含少量黄铁矿、红柱石、伊利石等，因其色艳质细而成为青田雕刻石的又一新的名贵品种。

青田石的化学成分以三氧化二铝和二氧化硅为主，约占总含量的90%，其他有氧化钾、氧化钠、氧化钙、氧化镁、三氧化二铁等。青田石矿床属火山中低温热液类型，成矿形式以交代为主，充填为次，成矿年代为距今约1.4亿年的晚侏罗纪。青田石的石色与所含的微量元素和矿物有关，如氧化铁、黄铁矿混入呈黄、棕黄色，赤铁矿混入呈红、红褐色，钛元素混入呈淡红色，锰元素混入呈紫色，有机碳质混入呈褐色、深黑色，绿泥石混入呈绿色等。石中花纹是在矿蚀变过程中受外力的挤压、聚集、沉淀、侵入，而使各种色素矿物质相互浸染、压固、胶结等形成的。

青田石分布很广，以山口为中心。青田石种类上百，而以山口灯光冻为青田石最佳石品，其“莹洁如玉，照之灿若灯辉，价重黄金”。黄金耀以其艳丽的色彩，纯净细结、细润脆软的质地被视为珍宝。封门青的质地极为细腻，不坚不燥，行刀脆爽，尽得笔意韵味。金玉冻青黄相辉，对比柔和。青田石除灯光冻、黄金耀、兰花青、封门青外，还有竹叶青、金玉冻、白果青田、红青田（美人红）、紫檀、蓝花钉、封门三彩（三色）、水藻花、煨冰纹、皮蛋冻、酱油冻等，均与实物名称相类似，容易分辨。近出龙蛋石，系暗红杂石包体，里面往往有圆形或椭圆形上品封门青独石，极为珍稀，形成类似田黄，价值亦愈昂贵。上品的青田石本身即是艺术品，无论质地冻或非冻，石性皆清纯无滓、坚刚清润、柔润脱砂。

灯光冻，又名灯明石、灯光石、灯光等，青色微黄，坚致细

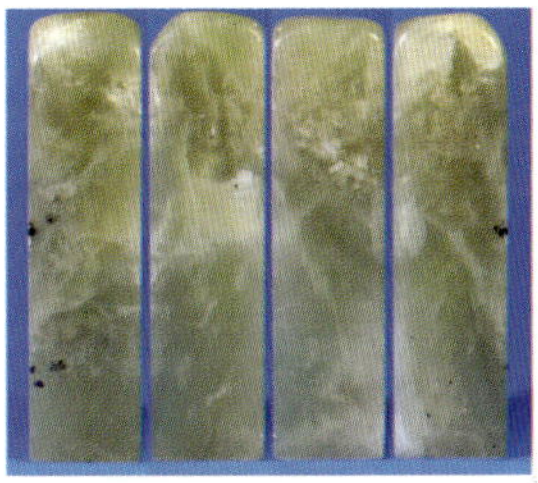

灯光冻印章

黄金耀钮章

封门青印章

密，温润纯洁，半透明，为青田最上品，被誉为“中国印石三宝之一”，产于山口一带。

鱼冻，即有斑点、杂质、格纹的灯光冻。

兰花青田，又名兰花冻，色如芳兰，明润纯净，通灵微透。产于山口一带。

竹叶青，又名竹叶冻，青色泛绿，通灵明净，石性坚韧。常裹生于粗硬紫岩中，肌理常隐有细小白点，纯净大块者极难得。产于周村尖西。

南光青，青色明净，温润微冻，质细性韧。青色偏白，肌理常隐白色斑纹。产于南光洞。

封门青，又名风门青、风门冻，色淡青，如春天萌发的嫩叶，有的偏黄、白，肌理常隐有白色、浅黄色线纹。质地极为细腻，不坚不燥，最宜走刀，尽得笔意，为难得之珍品。产于山口封门。封门青久负盛名，是青田石中具有代表性的一个大类。石质佳、名品多、历史亦最长。色彩以淡青色居多，所以名为封门青，莹洁起冻者谓之封门冻。兰花青、黄金耀、石榴红、蓝星、蓝钉、白果青、封门黑、封门绿、封门三彩，都是封门石中不可多得的稀有品种，为世所珍。

青田石雕

收藏青田石要选择具“坚、软、细、老、巧、纯、透”等特征的上品。坚是指质地坚实致密，无裂纹；软是指质地均匀，无杂石、砂钉；细是指石

蓝星印章

封门三彩印章

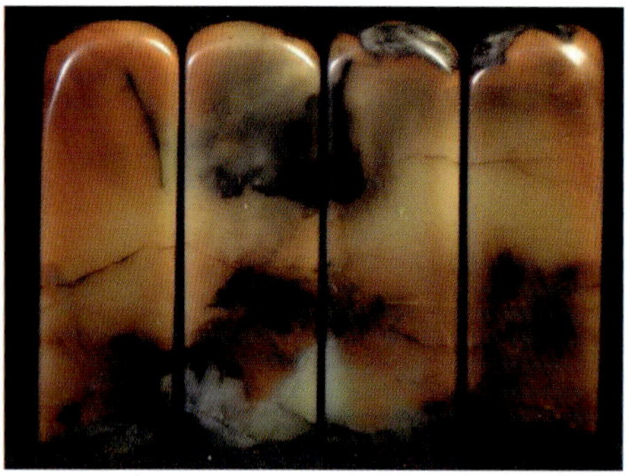
酱油冻印章

质细腻；老是指质地古朴而不显太嫩；巧是指结构布局巧妙，色彩丰富；纯是指色泽纯净，无杂色；透是指质地温润而显透明。

青田石中以冻石最为珍贵，最为名贵的是灯光冻，其次为鱼脑冻、酱油冻、封门青等，皆为青田石中的上等品。上好的青田石一直是市场上的抢手货，价值很高。因为青田石的名贵和难得，从而深受文人、雕刻家和收藏家的钟爱，也备受投资者的青睐。

由于封门青的矿脉细，色泽高雅，质地温润，大为篆刻家所青睐。鸡血、田青以色浓质艳见长，象征富贵；封门青则以清新见长，象征隐逸淡泊。因此，前者可说是“物”（物质）的，而后者则是“灵”（精神）的。专家称封门青为“石中之君子”，十分贴切。

收藏青田石一是要选择优质真品。市场上青田石假冒品很多，尤其是高档青田石假品。市场上常见用辽宁宽甸石或广东石假冒封门青，用拼贴法、模压法作假，具有一定欺骗性。

二是要选择高档品种，例如灯光冻、封门青、黄金耀、竹叶青、蓝星等品种，它们自古至今都属于青田石中的上品。

三是最好收藏雕刻作品，尤其是名家的优秀作品。尽量选择造型规整、雕刻技艺精湛、纹饰优美流畅、题材喜庆适宜的雕刻作品。

收藏明清时代的青田石不仅要考虑其历史价值、出自何人之手，还要考虑其工艺水平、石材质地和品种，并不是所有明清青田石雕都有收藏价值。

巴林石

巴林福黄石雕三螭钮大印

巴林石印章和摆件色泽艳丽，品貌俱佳，是难得的收藏品。近年来因国内外的收藏热使巴林石的名声鹊起，价值与日俱增，与寿山石、青田石、昌化石一起名列中国四大名印石，引起国内外一些投资者瞩目。2005 年 12 月 7 日，天津国拍拍卖一件近代巴林福黄石雕三螭钮大印章，尺寸为 5.5cm × 6.5cm × 2.5cm，成交价为 1.1 万

巴林石鸡血对章

元。这方印章个头比较小，但石头品质极好，是福黄石中顶级的鸡油黄，满地里外均是纯净、统一的灿黄。爬的最高的那只螭有些俏红，构思用材很得当，运用了“老雕工”的古法雕刻，一看就是世代相传下来的精湛手艺。这块印石在当时拍卖的价格当然比较低，因为巴林石正是2005年才开始有明显上涨，但涨幅并不大，这块石头若再晚两年拍卖，价格至少要翻几倍。2006年12月26日中国嘉德拍卖的一对巴林石鸡血对章高15.3mm、宽约10mm，从材质上看是牛角冻地夕阳红鸡血石，拍卖目录称“民国、王福厂款巴林石对章”，拍卖价仅8 800元。2007年巴林石价格突然涨高不少，当年12月16日北京翰海拍卖行同时拍出三件巴林石雕刻作品，均卖价不菲。其中“海螺”摆件，宽25.2cm，石材为巴林冻石，拍卖价22.4万元；一件“螃蟹”摆件，宽22.1cm，巴林福黄石雕刻，拍卖价50.4万元；一件“章鱼”摆件，为巴林红花冻所雕，材质非常大，宽有43cm，拍卖价为89.6万元。这三件拍品价格能拍这么高，因为2007年巴林石价格已涨到很高的市场价位了。2011年市场上一款双螭虎钮方章，售价13万元。该章用料选自上等的巧色红花巴林石，造型典雅大方，整体石料光滑莹润，方章上方雕大螭小螭各一，交接盘绕，大螭憨态可掬，性情温顺，俯卧回首，小螭调皮可爱，玩转腾挪于大螭身边。2011年5月一块巴林鸡血石王首度亮相呼市，

巴林石印章

“海螺”摆件

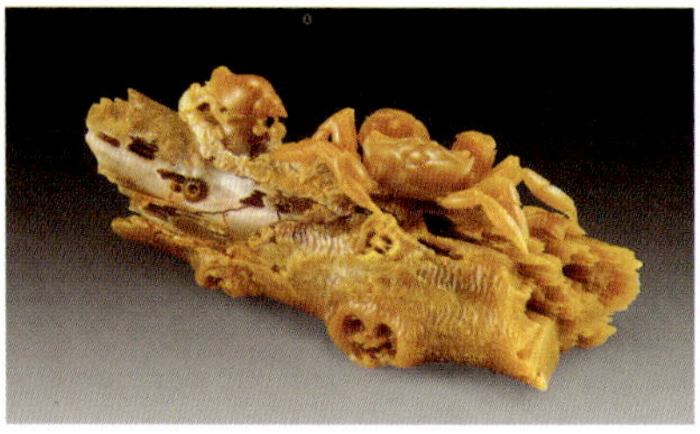

“螃蟹”摆件

“章鱼”摆件

巴林鸡血石摆件

巴林冻石印章

巴林石随形章

巴林鸡血石王

这是巴林鸡血石中的极品，其形体为自然形，即保持原石形态，仅做表面简单的打磨、抛光和施蜡处理。石体高 51cm，宽 34.5cm，厚 24.7cm。石头质地为深灰色透明的牛角冻地，血色鲜红且集中成片，晶莹欲滴，点点入石。这一块重达 50kg 的巴林鸡血石，价值 4 亿元。该石集上乘巴林石所具有的优秀品质于一身，是当之无愧的“鸡血石王”。近十几年来，巴林鸡血石的吨价已从几十万元狂飙至几亿元。鸡血石的价格一直是巴林石市场价格的风向标。巴林彩石、冻石从开矿初期的每吨 800 元，涨到现在的每吨 20 万元以上。开采30年来，其价格几乎每年都在攀升。

巴林石产于内蒙巴林右旗赤峰山，也是一种鸡血状叶腊石，但色泽不及昌化的鸡血石鲜艳和明亮。巴林石有朱红、橙、黄、绿、蓝、紫、白、灰、黑等颜色，呈不透明或微透明。透明者有蜡状光泽、丝绢光泽、珍珠光泽、凝脂光泽之分。巴林石质坚纤、细密，色泽晶莹，有新蜡感觉，微透明、半透明、透明者多有浑浊雾团状痕迹，纯净无瑕者十分珍稀。巴林石色泽斑斓，纹理奇特，质地温润，堪称精美的石头。

巴林石的成矿与火山期后热液作用密切相关，热液活动具有多期多阶段的特点。强烈的硅化以及明矾石化、高岭石化、黄铁矿化是巴林石的重要找矿标志，辰砂化和黄铁矿化是巴林鸡血石的找矿标志。

巴林石按石性、石质、石色可分成鸡血石、冻石、彩石三大类。鸡血石品质佳良，透水好，价值高，唯血色较淡散，易氧化。冻石类系巴林石的中坚，有微透明、半透明之分，主要品名有福黄冻、桃花冻、羊脂冻、玛瑙冻、牛角冻、流纹冻、云水冻、水草冻等。彩石类色彩丰富而瑰丽，花纹奇异而多变，凡地子无血、无冻者均归此类。也有人将巴林石分为巴林鸡血石、巴林福黄石、巴林冻石、巴林彩石等。

结晶五彩红巴林石

巴林鸡血石，是巴林石中的极品，其质地温润坚实，石上斑斑血迹聚散有致，红光照人，犹如红霞映月。

巴林福黄石，其质地透明而柔和，坚而不脆，色泽纯黄无瑕，集细、洁、润、腻、温、凝六大要素于一身，凤毛麟角，珍贵至极，金石界素有“一寸福黄三寸金”之说。

巴林冻石，其石质细润，通灵清亮，质地细洁，光彩灿烂，颜色妩媚温柔，似婴儿之肌肤，娇嫩无比。其彩霞冻石更为珍贵，洁白透明，肌体中所渗之云霞状红色纹理变化无穷，犹如一幅旭日喷薄、红霞漫天的水彩画。巴林冻石上绚丽的色彩，流畅的线条，形

巴林福黄冻石

巴林福黄石佛

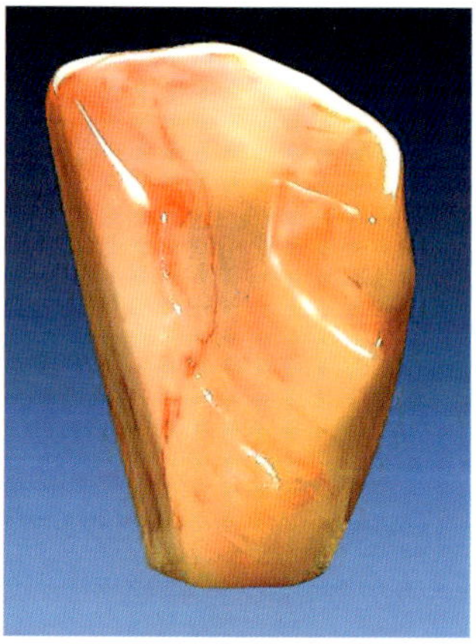
巴林芙蓉冻石

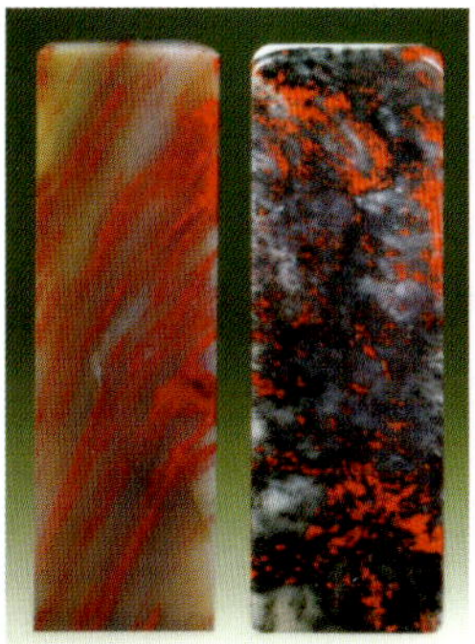

巴林鸡血石章

巴林红花冻石雕件

巴林黄冻石摆件

成栩栩如生的水草松枝等天然画面，鬼斧神工地表现了大自然的神奇。

巴林彩石，其彩色图案以天然见长，色彩艳丽多姿，纹理惟妙惟肖，美丽奇妙。国内唯有巴林盛产彩石，实属独一无二。

巴林石质地细腻，温润柔和，软硬适中，最适于篆刻印章或雕刻精细工艺品，为上乘石料，乃藏品中之珍品。

评估巴林石，首先要观察其质地的纯净细腻程度和完整性；其次是观看巴林石的光润程度，观察其肌理、光泽、温润和清晰程度；再者就是观察巴林石的颜色纯正程度、色泽自然性和层次的分明程度；最后是观看巴林石的色彩画面，以及可能出现的各种意境，从中品味巴林石中蕴藏的深刻文化内涵。巴林鸡血石和昌化鸡血石相比，二者各有千秋，昌化鸡血石质地粗而血鲜，对比强烈；而巴林鸡血石质地润而血红。

巴林鸡石红可分为五个品级：

极品，血色为朱砂红，地为犀角冻或彩霞红，无钉无绺最为理想。除这两种外，任何色相冻石，只要血色够朱砂红，地子纯净无杂，也可列入此品。

上品，血色鲜红，血面大或血线宽厚，地为较干净的彩石，无钉无绺者。其中，血色部分有内黄光的称为金片，内白光的称为银片。

中品，一是具备上品的条件，但有少量的钉和绺；二是血色面积小，血色尚好者；三是血色稍暗，地为冻石者。

下品，血色老而发紫，血的面积极小，地子杂乱无章者。

下下品，比下品再次者为下下品。

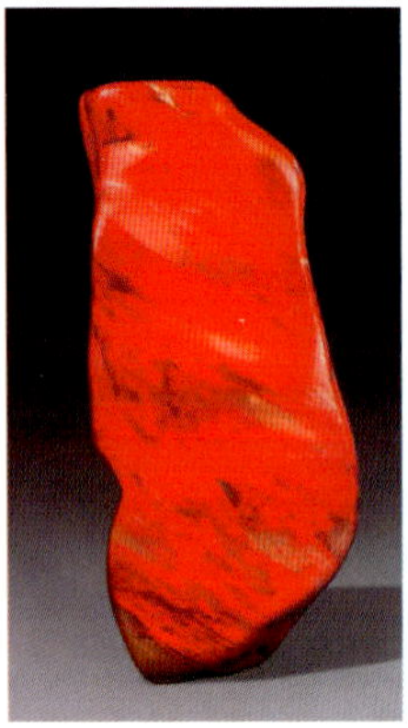

巴林鸡血石

收藏巴林石要保证是优质真品。目前假冒巴林鸡血石最多，多将酷似鸡血红的硫化汞涂抹在巴林石上，冒充巴林鸡血石；还有就是用巴林石做地，用树脂混合朱砂粉制作假鸡血；再有就是用真的巴林鸡血石石皮胶合或小块鸡血红粘接成大块。

收藏优质巴林石，首先是巴林鸡血石，其次还有福黄石、冻石等高档巴林石。

收藏巴林石要特别注意其质地要细腻光润、纯净无瑕，色泽鲜亮，图纹清晰美丽。

近十年来巴林石价格暴涨，优质鸡血石已从几十万的吨价上涨到几亿，涨幅近千倍。虽然普通巴林石也同期上涨不少，但涨幅却远远低于优质石种的水平。例如，一对用机器加工的低档巴林石龙凤对章，1985 年卖几十元，现在也就 100～200 元。而一块高档“刘关张”的巴林鸡血石，1997 年以前的价格是 3.6 万元，1997 年涨到 12 万元，现在的市场价已是上百万元。因此，收藏巴林石一定是重质不重量，尽量选择巴林石中鸡血石、福黄石等名贵品种。当然任何一种石种也有好与坏之分，尽量选择各方面都好的石品收藏。另外，即使一些相对低档的巴林石也有优等石种，比如芙蓉冻、红花冻等石种，要是其块度够大，质地清透，色彩明艳，没有明显瑕疵，现在也有价值几十万、上百万元的。